他們就是我們

犯罪心理學家的人性思辨

戴伸峰——著

目錄 CONTENTS

輯二

那些與性別有關的事

輯三

「我回來了！」如果人生可以重新開機

推薦序

犯罪者也曾是我們的一份子——一場充滿故事性與啓發性的反思

蔡宇哲

在多數人的成長經驗中，世界是非黑即白的，壞人就該接受懲罰，監獄是壞人該去的地方。然而深入了解會發現，這種簡化的二元論，會錯過理解犯罪行爲的機會，也忽略了這些曾經「偏離軌道」的人，是如何一步步走向大眾眼中的「罪惡」，又該如何回到社會。

我與戴教授多年合作，在播客節目裡探討過許多社會與心理議題。他總能用淺顯易懂的方式，讓艱深的理論變得生動，引發聽眾的興趣與思考。《他們就是我們》延續了這種風格，不是冷冰冰的犯罪研究報告，而是充滿故事性與啓發性的反思，並帶領我們思考：犯罪的本質是什麼？法律與社會制度如何影響一個人的選擇？當這些受刑人刑滿釋放後，我們是否眞的準備好接受他們回來？

犯罪，眞的只是個人因素嗎？戴教授曾在節目中說：「當我們看著一個個新生兒時，會想到其中有幾個寶寶，以後注定是壞蛋、罪犯嗎？」嬰兒天眞無邪的模樣可愛極了，當然不會。但這也意味著，每個人成長過程中的許多因素，交織出了犯罪這個現象。

書中有個故事讓我印象深刻。在職場上打拚多年的人，因爲經濟負擔、生活困境與長期心理壓力，最終鋌而走險，犯下過去自己絕對想不到的錯誤。在我們的認知中，犯罪者似乎是生來如此，但事實上，許多進監獄的人，曾經與我們一樣過著正常生活。只是他們在某個關鍵時刻，做出了錯誤的決定，而這個決定可能與家庭背景、社會環境，甚至只是當時的心理狀態有關。

多數人普遍將犯罪視爲個人問題，但很多行爲的發生，是因爲當時的環境因素讓人覺得「別無選擇」。這並不是在合理化犯罪，而是讓我們理解，當人們感覺沒有更好的選擇時，才會做出我們無法想像的決定。要怎麼讓更多人有選擇、有支持，這就考驗整個社會的認知與制度了。

另一個讓我印象深刻的篇章，是關於更生人回歸社會的挑戰。戴教授拋出一個直擊人心的問題：「你歡迎他們回來嗎？」

我們常說「浪子回頭金不換」，但現實社會眞的願意給他們回頭的機會嗎？許多服刑多年的人，一旦出獄，面臨的並不是新生，而是更殘酷的現實。書中提到一個故事，一名曾經服刑的更生人在出獄後努力找工作，卻因爲前科問題處處碰壁，最終只能選擇隱藏自己的過去，試圖以假身分重新開始。這點出了更生人的兩難：社會要求他們改過自新，但卻又不願意眞正給予機會。

當我們義憤塡膺地說：「犯罪者應該受到懲罰」，冷靜想想，我們眞正希望的是「懲罰」還是「改變」？如果一個人已經服刑、已經承擔了法律後果，社會卻仍然不願接受他們，那麼我們的司法制度，是否眞的達到矯正目的？

有個心理學研究發現：「當人們能夠聯想到未來的自己時，較能控制衝動行爲，也比較不會做犯罪的事。」從犯罪防治的觀點來看，除了懲罰之外，更重要的是如何在社會制度、教育體系與心理支持上，引導人們找到合適的未來方向，而不是等他們犯錯後才來懲罰。

戴教授在書中不斷強調，研究犯罪心理學並不是爲了替犯罪者辯護，而是爲了理解「爲什麼」犯罪會發生，進而找到更有效的預防方式，讓更多人不會走上這條路。不只是單純地將犯罪者隔離，而是思考如何讓社會整體變得更安全、更有包容性，讓犯罪發生率眞正降低。

我很喜歡《他們就是我們》這個書名，讓我試著去想像與了解，犯罪者並不是來自另一個世界，他們也曾是我們的一份子。或許，他們只是做出了我們未曾做出的選擇，遇見了我們未曾遭遇的困境。

如果我們的人生軌跡稍有不同，會不會也有可能成爲「他們」？

所以，這不是一本關於「他們」的書，是一本關於「我們」的書。

（本文作者爲《哇賽心理學》創辦人兼總編輯）

前言——偏離常軌的心跳聲

「老師，你爲什麼要選擇研究犯罪防治？」

「老師，你不害怕他們嗎？這些壞人有什麼值得研究的？」

這兩個問題，是我擔任犯罪防治系老師以來，最常被人詢問，也最常縈繞在我心中的疑問。

如果眞要回答這個問題，那就從我的求學生涯慢慢介紹起。

在我高中時期，純男校的學習環境加上當時台灣正轉型成爲技術集中型的工業產業環境，整個高中學制瀰漫著「以理工爲尊」的風氣。

我也在茫然無知，總覺得自己能夠成爲「半導體之父」的雄心壯志下，選讀了理工組。但是我的智力結構裡眞的非常缺乏理工思維的能量，在理工組讀書的高中階段，原本想要成爲半導體之父的雄心勃勃，被「全倒」的物理數學分數擊垮，完全失去生命方向。

但是心中有一塊小小的地方，卻逐漸攻城掠地似地成長。

「社會議題」與「人性人心觀」。

八〇年代末期的台灣社會，剛好是我高中的時候，台灣社會正經歷翻天覆地的結構改變。農民運動、民主化運動、國會改革運動，社會動盪激發出無與倫比的社會力量，舊體制的逐漸弱化，每個人都人心惶惶。

所以大學入學我選擇了心理系，一來有個「心」字，讓我充滿探索的好奇；二來總覺得還有個「理」字，足以寬慰自己三年來在高中的學習，就這樣，心理學走入我的生命，成爲我的後半生注解。

在政大心理系的學習歷程中，大學部四年、研究所兩年，除了讓我學習到飽滿的心理學知識外，心理學中豐富的人文素養以及敏銳的問題觀察力，不知不覺地引導我，讓我成爲一個細膩且敏感的人。

在柵欄後老去：高齡犯罪悲歌

在碩士課程期間，我在林美珍教授的指導下，選擇當時完全不會有人注意的議題：高齡學。這個啓發是一張海報，掛在美珍老師研究室的第一個書櫃側，一進門就能看到——Gerontology高齡學。

在一九九〇年代，全世界都處在八〇年代所帶來的高度成長喜悅中，科技何止突飛猛進日行千里，台灣迎向世界，每天都是欣欣向榮的青春活力。少子化？沒聽過！高齡化？不可能吧?!很多現在迫在眉梢的問題，在當時都像是海市蜃樓般虛幻而不切實際。

但是美珍老師很堅定地告訴我：「伸峰，高齡是人類一生發展不可能避免的事情，每個人都會老、每個人都會死，隨著醫療的進步，高齡會成爲社會的常態，這是必然的！」

在老師的鼓勵下，我以台灣地區成年及高齡者的「可能自我」爲主題進行了碩士論文的研究與撰寫。

什麼是「可能自我」？白話文來說，就是「對於自己未來的期待與擔憂」。

研究這個議題對我造成很大的震撼。對於一個正在撰寫碩士論文的二十二歲菜鳥新手碩士生而言，自己的未來正是光明燦爛，充滿無限可能，何來擔憂？對此實在是無所畏懼的。

但是我的研究樣本，這些六十五歲以上的高齡爺爺奶奶們，他們告訴我的希望與擔憂，卻是如此簡單與短淺。

「能活著就不錯啦！」

「能一口氣好死就好了！」

「大概就是健康不生病，好死不痛苦啊……」

爺爺奶奶們的希望眞的好單純呀！當時的我感到十分苦惱，這麼單純的人生願望，讓我的論文顯得單調無趣，眞不知道能不能畢業！

美珍老師讀過我的論文後，很溫暖地給了我評語：「伸峰，隨著年紀漸長，人們在經歷過生命裡的高峰與谷底後，最後他們會期望自己來到一片平原。平原也許單調無奇，風平浪靜，但卻是高齡者最期待的平穩與安心。」

然後我畢業了，一路走來，我也快走到了當年自己碩士論文研究樣本的年紀。人生的高峰與低谷，一個一個地跨過，曾經的絢爛慢慢褪色；當年的低谷逐漸塡平，原來眞的沒錯！我現在最期待的就是一片平原，平平淡淡地讓我安身立命！

不過有些人的平原卻暗藏著最致命的窪地陷阱。記得那是二〇〇二年，我在日本攻讀博士學位時，NHK推出了一系列的節目，探討日本當時最紅的年度代表詞「少子高齡化」。眾所周知，日本是世界上排名前端的高齡化大國，各色各樣的高齡者問題，正讓日本政府焦頭爛額：年金、高齡危險駕駛、高齡獨居、孤獨死、高齡疾病照顧、長照……

其中一個非常非常奇特的犯罪現象，在這系列節目中被正式提出——高齡者收銀檯前竊盜案件。

你一定有去過便利商店或超市的購物經驗，在一般的店頭陳列原則中，收銀檯前一直是商品陳列的兵家必爭之地，因爲這是消費者購物的最後一個機會，但也是必經的一個區域。在等待商品結帳的過程中，消費者一定會看到這些陳列在收銀檯前的小商品，殺時間也好、無聊也罷，這些小商品至少讓結帳不再是了無生趣的等待，而是一種消磨時間或是換個小零錢的最佳所在。

也因爲這樣，收銀檯前的商品陳列有一個業界不會告訴你的秘密：那就是，收銀檯前的商品，價格都不會超過當地紙鈔的最小面額。

舉例來說，日幣紙鈔的最小面額是一千日圓，收銀檯前就擺一些幾百塊的商品；台幣紙鈔的最小面額是一百元，那收銀檯前就擺一些幾十塊錢的商品。因爲這些小錢方便找零，也容易下決定，對於等待結帳的人來說，剛好就是另外一種消費的犒賞。

然後，在日本就因此出現奇怪的現象，高齡者收銀檯前竊盜事件大量增加。

這些案件的發生非常奇特，高齡者、在收銀檯前、在收銀員前、在排隊等待的顧客前，「光天化日」、「眾目睽睽」地偷收銀檯前的小商品。然後光天化日、眾目睽睽地被檢舉；接著光天化日、眾目睽睽地成爲竊盜犯！

更讓人不解的是，這些高齡者並不是沒錢，他們的皮包裡有足夠的購物金，但卻不拿出來付帳，就是要偷！堅持自己偷！打死不付錢！

這就有點貓膩了。

日本警方對於這樣的案件十分頭疼，因爲金額很小，卻是竊盜公訴，這個案子要辦，非辦不可；但是辦這樣的案子，讓人心疼。終於，這樣的高齡者犯罪案件進入媒體報導的視野區，成爲被關注的現象。

原來，高齡者收銀檯前竊盜事件頻發，反映出日本社會逐步走向高齡化社會後的人倫悲劇：獨居高齡長者爲了與遠地家人連絡，只好「刻意製造」犯罪事件，藉此引起家人注意與關心的悲傷事實。

這些高齡竊盜者不是沒有錢，也根本不需要這些商品，他們只是希望藉由自己微小的犯罪行爲，勞動警方幫忙聯絡遠方的家人或子女，讓他們回來看看自己……

眞的，如果人們活到高齡，所期待的只是平原般恬靜穩定的生活，那這些隱藏著的犯罪陷阱，就像是平原地上見不著的沼澤窟窿，讓高齡者平靜的安養生活出現重大的危機與變數。

人都會老，你希望自己的老後，是在監獄裡度過嗎？

這個問題，是這本書帶給你的第一個衝擊。

那些與性別有關的事

性別，在相對偏向保守的東方文化社會，一直都是關起門來的事情。但是台灣在這個議題上，因著治安事件的發生，有了更為深刻的改變與反省機會。例如：鄧○雯殺夫案，讓我們制訂了亞洲第一部家庭暴力防治法，讓隱藏在家門後的啜泣聲，終有被聽到的一天。因為性別平權觀念的推展，通姦罪的廢除、司法院釋字第七四八號解釋施行法、跟蹤騷擾法、性別平等工作法、性別平等教育法……每一部法律的制定、廢除或頒行，都彰顯了台灣在相關議題的前進與改變。

但，法律變了，人心變了嗎？

與性有關的犯罪案件，在 Me Too 運動的揭示下，已經在世界各地掀起討論與關注。而這些與性有關的犯罪或是偏差，最讓人感到擔憂與害怕的是，**似乎就在我們身邊，似乎無時無刻正發生著**。

近年來隨著性別平權觀念的推展，與傳統刻板性別印象之間產生巨大的衝擊，讓這些原本存在於人們心中、被壓抑的性別意識，浮上檯面成爲尖銳對話的引爆點。

那些與性別有關的事，想談談的是，法律改變後，人心變了嗎？這件事。**這些與性別有關的偏差或是犯罪行爲，對於人性本善會帶來基本的破壞，也會讓性別議題成爲無所不在的對立談資**。

他們的改變、法令的改變、社會的改變、我們的改變，性別這個議題，永遠都會變，只有這個是不會改變的。

你歡迎他們回來嗎？

二〇二四年十一月底，在台灣矯正機構中的五九五一六名收容人，如果沒有意外或更新的法律詮釋，或快或慢，最後都會回到社會，回到我們身邊，成爲社會上完全無法識別的一個普羅之人。

你歡迎他們回來嗎？在這個問題之前，需要了解的是，你知道他們一定會回來嗎？你準備好他們回來了嗎？

這是社會大眾的視角與思維。

但是，更重要的事情是，這些因爲犯罪行爲被收容的人們，他們準備好回來了嗎？他們怎麼看待自己終將回歸社會這個事實？

因爲擔任犯罪防治系老師的因緣，我有了比大家更多的機會實際接觸到犯罪收容人以及更生人，甚至與他們成了朋友。

「老師，你不害怕他們嗎？這些壞人有什麼値得研究的？」這個問題又出現在我腦海中。

我害不害怕？說實話，不可能完全不怕。我的高敏感人格特質，讓我在面對這些因案入獄的犯罪人時，多少有著擔心甚至是無來由的懼怕。

我害不害怕？每個個案的交流卻讓我無從怕起。在〈你歡迎他們回來嗎？〉這個篇章中，香腸、小葳、小黃，三個截然不同的故事與結局，都是我的親身感受與經驗。小黃，就是我上一本書《罪、罪犯與他們的產地》中，邀請我去參加他的國中畢業典禮，「秋條」的那位加九。而小葳則是在女監中，另一位想要回家與媽媽一起生活的女孩。至於香腸，我到現在還是沒有他任何消息，因為沒有消息就是最好的消息呀！

你期待他們回來嗎？不管期不期待，他們都會回來。同樣的問題，送給收容朋友：你準備好回家了嗎？回家不一定是你的想像，但是你一定得要回家喔！

這是我的第二本書，我嘗試改寫這些發生在身邊的人事物，如實地記錄下他們生命歷程中曾經與我互動的階段。也許這些片段他們早已忘記，但是這樣的交會時刻，卻代表著人生、社會、人群互動鮮活的一段。

犯罪，這些偏離常軌的心跳聲，到底是平穩社會心跳規律中的異端，還是隱含著社會病症的重大警示？

期待這本書能給你不一樣的角度與思考。

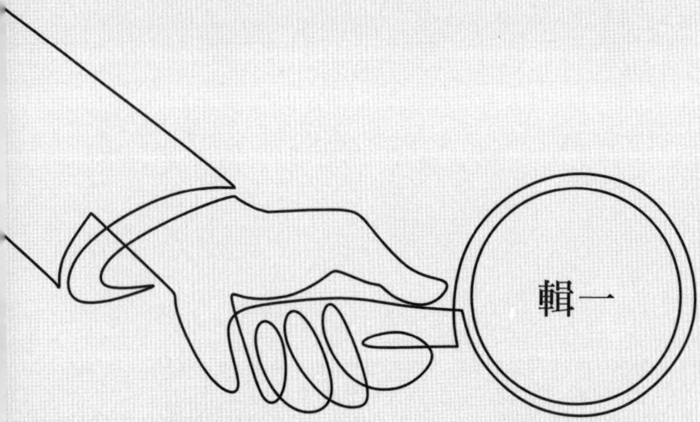

在柵欄後老去：高齡犯罪悲歌

1-1 偷書雅賊

李爺爺

你看過迪士尼經典動畫《美女與野獸》嗎？

女主角貝兒是一個非常喜歡看書的文青，因爲住在偏鄉，無法像住在大城市一樣地親近圖書館資源，所以她常常到村裡唯一的書店跟老闆「借書」，並且帶回家閱讀以滿足自己的求知欲。

在全片開頭大約三分鐘左右，就可以聽到貝兒以悠揚的歌聲，熱切地詢問書店老闆可不可以借一本描述王子與公主的書，書店老闆聽到後回答：「可是這本書妳已經讀了兩次了!!」貝兒依然從書架上拿下這本書，興奮地向書店老闆說：「我就是喜歡這樣的故事，我幾乎無法壓抑想要不停閱讀它的欲望……」

且慢！戴老師並不是寫言情故事的高手，怎麼會用一個這麼唯美浪漫的文青情境爲本書破題呢？當然不是，而是接下來這個故事，也源自於借書，但是卻借出了一個讓人感到難過的犯罪現象。

爲「犯法、監獄與受刑人」正名

故事的主人翁不是熱愛知識的文青，而是髮色灰白、身形消瘦卻依舊挺直腰桿的李爺爺。

認識李爺爺，是因爲一系列廣播節目製作的企劃。爲了能夠第一線了解並眞實挖掘台灣各監獄內的「高齡犯罪」現象，與廣播節目製作團隊在取得了法務部矯正署及合作監獄的同意後，請合作監獄提供具有代表性的「高齡收容人」參與我們的廣播錄音，而接下來這一連串的故事，都是這些原本應該在家裡含飴弄孫、頤養天年的爺爺奶奶們，親口告訴戴老師的「他們的故事」。

記得那是二〇一七年二月的一個上午，時令上雖然才剛立春，但是南臺灣的太陽已經熱烘烘地預告了這將是一個熱情的春天。

依照公文指示，我與廣播節目製作團隊（雖然說是團隊，其實只有兩個人），在約定時間前抵達位於台灣南部某監獄。

「監獄」是一個既口語又專業的名詞，如果你在街頭隨便問路人，大概所有人都會說：「監獄？啊！那個關壞人的地方啦！」

但是就專業來說，監獄是法務部矯正署轄下所屬的五十一個矯正機構中的一類。這五十一個矯正機構可以區分爲五大類：監獄、看守所、少年觀護所、戒治所、矯正學校。而其中監獄收容的是執行經刑事判決確定的受刑人。

是的！專業名詞就是受刑人，不是壞人，不是惡人，當然也不是「獸行人」或是同人誌裡的「獸型人」。而是因爲觸犯法律，經法院判決確定要到監獄服刑的受刑人。

你進過監獄嗎？呸！呸！呸！呸！你一定覺得戴老師在觸你霉頭！你才進過監獄哩！這麼晦氣的地方，誰要去呀？

的確如此，台灣房仲業界一直有個不成文的習慣，監獄被認爲是鄰避設施的前幾名，第一名當然是殯儀館或是殯葬用地，接下來不外乎特種行業，然後就是監獄了。這也難怪，在我們的刻板印象中，監獄裡關的不外是那些「刺龍刺鳳、橫眉豎目」的大哥，誰想要跟這些人當鄰居呀？也就是因為如此，台灣的矯正機構非常可憐，常常被各地居民當成惡鄰居，欲除之而後快，只好不停搬家遷址，從蛋黃區搬到蛋白區，再從蛋白區搬到蛋殼區，最後只好往海邊山邊離島設點，人見人嫌。

繞了一個圈子介紹監獄，我其實也跟你一樣，對於進監獄，即使是到監獄裡執行公務，仍抱有某種程度的心理抗拒。除了根深蒂固的刻板印象外，監獄內的氣氛絕對無法像外面那樣風和日麗、和藹可親。在監獄裡，不管你曾經是達官顯貴或是販夫走卒，每一個收容人都是因為同樣的理由：「觸犯法律」才會進到監獄裡，過著被收容管理的全控式團體生活。監獄方為了管理這些三教九流各路人馬，當然需要有嚴明的法律為基礎，進行滴水不漏的戒護與管制，才能維持監獄運作的順暢，降低囚情波動所帶來的任何風險。

當然，我並沒有以受刑人的身分進監獄的經驗，到監獄裡都是以執行公務、執行研究計畫、擔任演講教員，還有主持聯歡大會（雖然只有一次，卻是終生難忘的一次）為主。

放羊的爺爺

回到正題，二〇一七年二月那個上午，戴老師與另一位團隊成員在高鐵站會合後，搭上監獄派來的公務車，在南部已經微熱的陽光中，很快地抵達合作監獄，進行廣播節目的採訪、訪談錄製。

隨著錄音設備的科技化以及輕便化，錄製廣播已經不用像前人一樣，扛著大包小包的器材道具，輕巧的高品質錄音筆、高敏感度的收音麥克風、一些腳架，大概就是我們所有的器材。

監獄是一個需要最高度戒備戒護的全控式機構，我們身上除了錄音所需要的設備以及不得不隨身的物品以外，所有東西都必須在第一個關卡（大門入口處）放入臨時保險櫃中妥善收存，特別是，錢、手機、具攻擊可能的危險物品，這是絕對、絕對、絕對禁止帶入戒護區的，因爲很重要，所以要說三次！

爲了行程順利，製作團隊在公文中仔細載明整個採訪錄音過程所需的各項物品及數量，而第一線的戒護大哥也非常仔細、如臨大敵般一一點查，那種專心的態度，眞的應驗了「認眞的男人最帥氣」的不變眞理。經過仔細的查點，戒護大哥終於讓我們更換證件，準備進入戒護區進行實地第一線錄音訪談。

就像所有影視作品中所描述的一樣，監獄似乎就是由永遠沒有盡頭的鐵門以及柵欄所組成。除了點綴一些綠意盎然的植栽以及還算有些色彩的標語圖畫外，監獄內的主色調就是灰色、銀亮亮的鐵灰色和毫無溫度感情的鐵灰色。而這些鐵門還有一個很重要的使用方法，就是一定要先關上已經通過的門，才能再打開即將要通過的門。也就是不能後門通前門，以避免門戶大開通監外。我就一直看著帶領我們的監獄官，拿著一大串鑰匙，一個鐵門接著一個鐵門地開門、關門、開門、關門。「喀嚓，噹啷噹啷」成為進入監獄戒護區最頻繁聽到的聲音風景。

不知道通過了多少門，終於來到當天的訪談室。那是一間沒有多大的會客室，平常應該是作爲教誨師與受刑人進行晤談、尙稱專業的諮商室。簡單的桌椅、醒目的標語、緩和情緒的掛畫、略帶色彩的牆壁，在一片鐵灰的監獄中，就像綠洲一樣，讓人終於感到心情放鬆。

我與製作團隊不敢過度放鬆，才剛進訪談室，就開始準備並架起錄音器材。雖然是初春，但是南臺灣熱情的太陽，依然將房間照得暖烘烘地，讓人微微出汗。

在監獄裡，所有的一切都不能出意外，包括訪談對象也是。我趕快再看一次監獄傳給我的訪談對象基本資料及順序，希望等一下可以有更和緩的氣氛、更多的話題資料，拿到更多關於高齡受刑人的第一手聲音情報。

第一張資料記載著第一順位的受訪者：李爺爺。

李爺爺被收容當時已經七十歲，符合我們所設定的高齡受刑人定義。入監罪名：竊盜；家庭狀況：已婚喪妻；聯絡人：女兒，居住地：美國。一張幾乎泛白的大頭貼照，感覺李爺爺並不是印象中那種惡人面相，反而透露出一種文質書生的氣質。

就在我出神於李爺爺的書面資料時，訪談室的大門打開，戒護員向我們報告：「第一位受訪人員二三四四（假稱：監獄內多以代號稱呼受刑人）帶到。」跟在戒護員的後方亦步亦趨，終於第一次與二三四四李爺爺見面了。

對李爺爺的第一印象，就像是從泛白的檔案照片中直接走出來一樣，除了方便衛生管理，李爺爺理了個平頭短髮外，其他的文質氣息、仙風道骨，甚至還有一點點的傲氣，都跟檔案照片沒什麼兩樣，就是李爺爺本人。

面對人生中第一次相識的「高齡受刑人」，我並沒有什麼太多的設想，開場白當然都是非常具有採訪專業，但卻公式化的冷調自我介紹用語。

「李爺爺您好，我可以稱呼您爺爺吧？（其實我跟李爺爺只差了二十來歲），我是國立中正大學犯罪防治系副教授戴伸峰……」公式開場。

李爺爺聽到我的自我介紹，好像發現了什麼新大陸一般，眼睛忽然亮起來，直盯著我看。我心裡想著：「太好了！一開始就引起李爺爺的注意，等一下的錄音一定非常順利！」

可惜事與願違，我做完公式開場以後，李爺爺除了定定地看著我，一直沒有開口講話，就算是我的製作夥伴加入聊天打圓場，李爺爺還是無動於衷。

「看來，李爺爺是個難訪的對手喔！」我心想……沒辦法了，我只好拿起由監獄方提供的簡單資料，打算從中找些話題來化解尷尬。

「李爺爺，從所方提供給我的資料來看，你這次進來是因爲竊盜罪，可以跟我們說說你偷了什麼東西嗎？」一個愚蠢的問題，但是我實在找不出更好的話題可以聊。

沒想到我的問題才剛收尾，李爺爺忽然搶著我的話搭腔起來。

「誰說我竊盜？我才沒有竊盜!!」李爺爺非常激動地說著，讓原本站在他身後的戒護人員也往前靠了一步。

「戴老師，你姓戴沒錯吧?!你剛剛說你是大學教授？我跟你說，那你要叫我學長或是前輩！我退休前在北部各大專院校兼課，跟你一樣，是大專院校的教職，我任教的時候，你應該還沒出生呀！」李爺爺對自己人生的描述，嚇了我一跳，原來李爺爺曾經是作育英才的杏壇同業呀！

「我就說呀，我們都是教書的讀書人，對吧?!我愛書都來不及了，怎麼可能去偷書，拜託！這根本就是一場誤會！」

講到重點了，原來李爺爺是一名雅賊，竊盜的被害目標就是書店裡的書。

「現代人呀，越來越不讀書，連書都不懂得好好珍惜保存。我不可能去偷書，我是看那個書店呀，根本就沒有好好對待那些書，書放在架子上都髒了舊了，我就只是把這些書帶回家，擦乾淨，然後再找時間放回去。你說，這是偷書嗎？」李爺爺憤憤不平地說著。

呃呃，「這就是偷書，偷竊呀！」我心想著。

法律知識補給站

刑法第三二〇條規定，意圖爲自己或第三人不法之所有，而竊取他人之動產者，爲竊盜罪。

也就是說，未經他人同意，或不顧他人反對，主觀上仍然想要占為己有，而且也確實做了，就會符合竊盜罪構成要件，即竊盜公訴罪。

在台灣，高齡受刑人的主要罪名排行中，竊盜高居第三位，僅次於公共危險罪（酒駕）及傷害罪，約占總犯罪件數的十三．一％。（法務部法務統計資訊網）

李爺爺未經書店老闆同意，擅自拿取書店裡的書回家；然後在走出書店的時候，因爲形跡可疑被書店老闆通報。當警察趕到時，李爺爺身上有三本沒有結帳的書，因此觸犯了竊盜公訴罪。

在世界其他國家的高齡犯罪中，竊盜也是常見的入監罪名，其原因不外乎是高齡者因爲從職場退休，加上身心老化無法工作所導致的經濟窮困，「飢寒起盜心」是高齡犯罪的一項重要原因。

但是李爺爺很奇特，他不是飢寒起盜心，他偷的是書！書又不能吃！可見李爺爺偷書的背後還有著更爲深沉的原因。

「李爺爺，你喜歡什麼類型的書？是不是書太珍貴，所以你想珍藏？」我心想，會不會是因爲李爺爺偷的是價錢昂貴的書籍，導致他沒錢付書款，鋌而走險？

「也沒有呀，就是一些電機類、電子學的參考書呀！我以前是教工科的，這些我很熟，想看看現在的書寫些什麼而已呀！而且珍貴？也不會呀，都是些參考書，值不了幾個錢！」李爺爺對我的提問有點小動氣。

「還是說你剛好忘了帶錢？下次帶點錢在身上，就可以省掉這些麻煩了！」

「錢？不用呀！我的錢早就都給我女兒了！退休金呀，什麼的，她對我很好，叫她來付錢，她都會幫我付呀！」李爺爺開始叨叨絮絮地講起在美國的女兒。透過李爺爺的描述，李爺爺與獨生女已經有好一陣子沒見面了，之前幾次的「借書回家保管事件」，都是由女兒出面幫忙繳清，才免掉牢獄之災。

「唉，這次叫她回來處理，她就是不回來呀！女兒養大不要爸爸了……」李爺爺聲音忽然間沉下來，頭低低地說著。

無奈又蒼涼的循環，成爲唯一的劇本

說完了這些話，李爺爺就沒有再抬頭看我們，整間會談室陷入空前的低氣壓，除了李爺爺微微啜泣的聲音，我們無法再錄到任何話語。

過了好一陣子，會客規定的時間已經快到了，我試圖打破沉默，清了一下喉嚨，對李爺爺說：「李爺爺，你還有什麼想跟我們說的嗎？」

李爺爺終於抬起頭看向我們，慢慢地說：「戴老師，你我都是讀書人呀！我在這邊眞的生不如死。老師們雖然對我很好，室友也很照顧我，但是我還是想跟女兒見一面呀！你可以幫忙找找我女兒嗎？拜託了，眞的拜託了……」李爺爺舉起了手，想拉著我懇求，但是這個動作很快就被戒護員制止了，因爲有安全上的考量。

「李爺爺，你安心生活，這邊的長官一定會照顧你。女兒那邊，我會請所方嘗試看看，能不能請女兒跟你聯絡。」我眞的無法聯絡上李爺爺的女兒，只好先安慰他。

「謝謝！戴老師，謝謝！」這是李爺爺起身回監前，最後被我們錄到的一句話，而這句話一直縈繞在我腦中，直到李爺爺重新回到柵欄鐵門另一邊的戒護區。

李爺爺希望我傳達的訊息，我決定嘗試看看能不能幫忙。

我向一旁端坐記錄的教誨師詢問，監所方能不能提供相關的聯絡嘗試。

教誨師淡淡地說：「老師，你聽過放羊的孩子的故事嗎？李爺爺就像那個放羊的孩子，每次都是狼來了、狼來了！在女兒出國前，他只要覺得女兒不夠關心他，他就會來上這麼一遭，讓女兒到處道歉，疲於奔命。其實李爺爺根本不會沒錢，他的經濟狀況還算是可以生活的！後來，女兒真的不堪其擾，漸漸就不理她爸了。李爺爺就這樣累積了幾次竊盜前科。唉，女兒出國以後，剛開始還曾經不遠千里地飛回來會客，可是李爺爺劈頭就罵她，說她不孝，出國躲他，一兩次以後，女兒也不回來了。」

教誨師翻了一下手邊的檔案：「就紀錄上來看，李爺爺已經十一個月沒有人來辦會客了。殘酷一點地說，他已經被這個社會丟包在監獄裡了。」

丟包在監獄裡？那李爺爺出獄怎麼辦？妻子過世，唯一的女兒不願意回國見爸爸一面，李爺爺只好不停地使出重複的把戲，成爲書店的頭號麻煩人物，「收容、釋放、竊盜、收容、釋放、竊盜……」這個無奈又蒼涼的生命結局，在李爺爺身上，成爲唯一的劇本，而李爺爺深陷其中，完全無法脫身。

1-2 謊稱「到緬甸經商」的王大哥

懷著莫名的低沉心情，我與廣播搭檔詹小姐努力地整理著李爺爺帶給我們的思緒，在短暫的休息時間中，快速翻閱下一位受訪者的資料。

卷宗上寫著一〇八〇，翻開卷宗，第一個映入眼簾的是非常奇特的違和感。跟剛剛李爺爺泛白的檔案照不同，這位一〇八〇王先生的檔案照，竟然是笑臉！雖然不至於露齒歡笑，但是微上揚的嘴角以及油面反光的禿亮額頭，完全顛覆我對「收容人檔案照」那種凶神惡煞或是垂頭喪氣的刻板印象。

「一〇八〇，王〇〇，六十八歲，違反證券交易法……」後面還有一大串罪名，這些罪名對我來說，都只是傳媒用語，遠得不切實際、生疏得不著邊際。

怎麼說呢？我們援引法務部法務統計資訊網公布的二〇二二年台灣全國新入監收容人罪名排行，前十名依序分別是：

公共危險罪（二六．六％）
違反毒品危害防制條例（十六．一％）
竊盜罪（十三．〇％）
詐欺罪（十．四％）
違反洗錢防制法（九．九％）
傷害罪（四．五％）
違反槍砲彈藥刀械管制條例（二．四％）
妨害性自主罪（一．九％）
侵占罪（一．五％）
妨害自由罪（一．四％）

這前十名，沒有「違反證券交易法」吧？

我忽然好奇起來，違反證券交易法的高齡犯罪人，應該曾經是股海翻騰的大戶炒手？經商有成不小心陰溝翻船的商界名人？還是長期占據有線電視後段頻道帶大家上天堂的老師？戴老師平常也是個關心經濟情勢、做點小額投資、期待財務自由的股海小民，因此想到即將要與「違反證券交易法」的大戶見面，心中免不了一股雀躍。

曾經叱吒股市，如今只剩唏噓

這種雀躍很快就得以實現，很快地，一〇八〇王先生被帶到訪談室。果不其然，跟剛剛垂頭喪氣的李爺爺完全不同，這位一〇八〇王先生見到我們廣播製作團隊，眼神不是閃躲也不是迴避，反而很主動地向我們問好：「兩位老師好！我是王〇〇，兩位老師感覺都很年輕喔！很厲害喔！謝謝你們來採訪我啦！你們可以叫我王大哥，想問什麼儘管問，我很隨和的啦！」這位王大哥滔滔不絕的開場白，一掃方才李爺爺留下的沉悶，讓訪談室充滿了與監獄肅殺氣氛完全不同的和緩氛圍。

「王大哥你好！我跟詹小姐是這次廣播節目的製作團隊，我是國立中正大學犯罪防治學系戴老師，這位是中央廣播電台的詹小姐，我們想要了解高齡犯罪以及高齡收容人在監獄裡生活的現況，我們輕鬆聊，也會錄音，未來播出會用假名，你的聲音我們也會做適度的變音處理。」看著活潑健談的王大哥，我公式開場的口條也順溜起來。

接下來的訪談，就在這種開朗的氣氛中展開。搭配窗外緩緩移入的斜射春陽，讓人有一種飄起來的輕快感。

「王大哥，那我們先來談談你在所內的生活好嗎？吃的還習慣嗎？跟同學們的相處如何？老師會協助你嗎？」先從王大哥的日常生活關心起，我們希望知道這些高齡收容人在監獄裡，是不是會因爲較爲簡素的生活設備而感到任何不適應。尤其像王大哥，在入監前應該是錦衣玉食、名車豪宅的優渥生活，現在住在這麼狹小侷促的監獄舍房內，對他算是一種天大的折磨吧？

先小小岔開話題，在監獄裡，我們通常會以「同學」來稱呼收容人，然後以「老師」來稱呼獄方的教誨師或是管理人員。

「謝謝你們過來，這個問題喔，我覺得沒什麼問題啦！剛開始當然會有點不習慣，但是老師們都很幫我呀！同學也都很好！他們知道我年紀比較大，都滿尊重我的。啊啊！對了！我室友人眞的很好，一個年輕小夥子，因爲詐欺被關進來，分到跟我一間舍房，他人眞的很好，知道我脊椎不好，彎不下去，早上他都會扶我坐起來，然後扶我去上廁所。」

「原來你有室友啊！能跟室友相處得好，王大哥，你眞的很幸運餒！」我追著王大哥的話題，想請他多說說自己在監所內的人際關係。

「有呀有呀，他很照顧我，也很尊敬我，我時常勸他：年紀輕輕的，做什麼詐騙集團啦！小小車手，賺得又不多，還會被警察堵，不划算啦！我有教他怎麼做生意，他也有答應我，出去以後會好好學投資做生意。你看，我在這邊也不是沒事好做，我有在做善事，教這些年輕人不要走偏，好好工作做投資，以後才有前途！」王大哥講得眉飛色舞，我腦海中眞的浮現出有線電視投資頻道那些老師的手勢與口氣。

越聊越起勁，王大哥甚至還向戒護員要了一杯水潤潤喉，繼續講起他對室友宣傳的人生投資教育。

爲了從王大哥滔滔不絕的人生投資學中抽身，我趁著他喝水的空檔，趕緊丟出下一個問題：「王大哥，我看了一下你的資料，你是第一次關進來，而且好像很多條吼?!能不能聊聊當時到底發生了什麼事？」我眞的想弄清楚怎樣的行爲叫做違反證券交易法，所以不想放過就坐在對面的王大哥，這個代表樣本。

王大哥一轉方才和緩開朗的話風，像是換上另一副面具一般，眼神洩露出些微仇恨與憤怒的情緒，講話音調也提高起來。

「講到這個我就憤慨！我是被我們裡面的人出賣的！我們公司那幾個做財務的，眞的很惡劣。有好處我一定分給他們，他們竟然聯手搞我！我根本就沒罪！是他們惡搞我！」王大哥講到雙手握拳，氣憤不已，我很擔心他會不會越講越生氣，當場爆血管或是心臟病發！

接下來，王大哥依舊沒有關上話匣子，大聲咒罵「那幾個做財務的」，我雖然不是很能了解其中的內線奧秘，但是依然可以清楚地感覺到王大哥覺得自己完全沒有任何錯，完全是被小人陷害、被親信出賣、幫至親頂罪，我甚至聽到出神地幻想著，王大哥是不是商戰劇看太多，看到自己都對號入座了。

眼看王大哥情緒就要失控，戒護員提醒了一下：「一〇八〇，注意自己的禮節，小心違規！」戒護員半威脅式的口吻，讓王大哥如大夢初醒般忽然沉靜下來。

王大哥稍微擦了一下噴滿口水的嘴角，讓自己從剛剛亢奮的情緒中平復下來，然後給我們一個淺淺的鞠躬：「兩位老師，不好意思啦！讓你們見笑了。我平常不是這樣的人，只是講到這次被關進來這件事，我就覺得冤枉！我好好經營公司三四十年，都快要退休享福了，我幹什麼去違法？我眞的很怨嘆啦！」王大哥講到都有點哭腔了。氣氛忽然間從亢奮高點落到哀怨低點，我難以想像王大哥花了多少時間才適應監獄這種全控式、單調的生活環境。

「王大哥，你進來這邊，家人有來看你嗎？」我試圖轉換話題，也想了解高齡受刑人監所外的人際支持系統運作。

講到這個，王大哥又換上另一副面具般，眼神中盡是慈祥。

「有啊有啊！我太太昨天才來辦會客，她有帶孫子跟孫女的照片給我看，孫子是我進來前就出生了，我還有抱到喔！孫女就沒有了啦，我進來以後才生的，等我出去一定要好好抱抱她，好可愛的！」王大哥溫溫淡淡地說著家人來會客時，自己的心情。

王大哥的訪談，就在這種像是搭乘雲霄飛車般高低起伏的情緒轉折中，漸漸走到尾聲。

心理上與人際上的剝奪，高齡初犯難以承受之重

王大哥是屬於高齡犯罪者中非常容易適應不良的類型，我們稱之為「高齡初犯」。放眼世界各國，使用年齡將犯罪人予以區分，並適用不同刑事司法體系的，只有針對少年，像台灣有少年事件處理法，日本有少年法。因此，在刑事司法體系中，高齡犯罪並沒有一個清楚的「高齡」定義。大多是運用不同的學說或是犯罪樣態給予一個籠統的區分。以台灣來說，大約還是以公務員的退休年齡六十五歲，當成是高齡犯罪的切分點，雖然這樣的切分點不具有任何法

律意義。

那我們就來思考一下，如果符合這個年齡定義的高齡初犯，就表示這個犯罪人幾乎過完了人生的四分之三。不管這個犯罪人的前半生是精彩絕倫還是平穩踏實，因爲是初犯的關係，所以至少代表著他的前半生並沒有發生或是觸犯足以被判決到監獄服刑的重大違法犯紀行爲。高齡初犯的第一次犯行，就是發生在他即將歸隱山林，退出社會核心的高齡階段。

心理學家艾瑞克森（Eric H. Erickson）曾經提出一個重要的觀點：高齡者的人生任務。艾瑞克森說：當人們來到高齡期時，會開始審酌自己一生的成就與付出，開始統整自己的一生。**人到了高齡階段，很多東西已經沒有「再一次」的機會了，所以統整自己的一生，接受生命、省思生命，是高齡者的重要人生任務。**

但是像王大哥這樣的高齡初犯，在人生的最後階段，因爲觸犯法律而不得不在監獄中度過。**坐牢就像是生命中最後的蓋棺論定一般，徹底否定了高齡初犯一生的努力與付出。更殘酷的是，時間並不會站在他們那邊，隨著收監期的**

持續，這些高齡初犯要面對老死在監獄中，或是無法出監參與至親好友離世的緬懷過程，這些心理上與人際上的剝奪，才是高齡初犯心中難以承受的重擊。

我忽然想到，王大哥當時是六十八歲，也許還有高堂父母？嘗試問到：

「王大哥，你今年六十八，家裡還有長輩在嗎？你們還有聯絡嗎？」

我完全沒有想到，我這最後的一個無心之問，竟成爲與王大哥訪談中最眞誠的一段。

「啊！你怎麼問到這個……嗯，我媽媽還在，今年八十五歲了，唉……」

王大哥說著說著，大大地吸了一口氣，眼角流下淚來。

我完全沒想到王大哥會有這麼大的反應，靜靜地抽了張面紙遞給他。

「我進來兩年了，我不敢給媽媽知道。如果媽媽知道兒子這麼老了還犯法被抓來關，她會氣死。我是個不肖子啊，讓她在親戚鄰居間抬不起頭來，我不敢說呀……我害她丟臉了，我是個不肖子啊……」王大哥講到泣不成聲。

王大哥講到自己的母親時，這種懊悔與反省，讓我深深感受到身爲人子不能在父母跟前盡最後孝道的無奈與遺憾。

在一段時間的沉默與啜泣後，王大哥又要了一張面紙，擦擦眼淚，然後又換上一開始見面那張開朗的面具笑笑地說：

「你們不用擔心我啦！我跟太太已經串通好了，我們跟媽媽說，兒子去緬甸經商啦，而且因爲經商有成，短時間不方便回來看她，而且媽媽當阿祖了，每天看這些曾孫跑來跑去，大概慢慢地就會忘記我這個不成材的兒子啦！放心放心！」

說完，剛好訪談時間結束，在戒護員的監督下，像李爺爺一樣，王大哥再度回到柵欄鐵門之後。在鐵門關上那刻，王大哥轉過身向我們深深一鞠躬，我們也揮揮手，暗示他安心服刑。

我心中眞的希望，王大哥早一點從緬甸經商回來，就算沒有事業成功，王大哥的老媽媽一定很希望看到兒子平安回到身邊⋯⋯

1-3 終於當上模範生的陳伯伯

經歷了李爺爺與王大哥的訪談，我開始對高齡犯罪有了一點點輪廓。

「每一個銀髮犯罪人，都是一本縱貫生命的敘事書。」

是呀！真的跟一般印象中的銀髮族不同。在崇尚敬老尊賢、家有一老如有一寶的台灣傳統價值觀下，竟然還有一群人數快速增加的高齡銀髮收容人，他們被收容在位處邊郊的各地監獄中，過著與刻板印象中恬靜安適的高齡生活截然不同的收容人生。

想著想著，一起陪同我們進行訪談的教誨師小郭輕聲把我拉回現實：「等一下第三位受訪者就要來囉！不過我先說明一下，○○一七是一個……唉！該怎麼說呢？就是……」

小郭的欲言又止讓我感到好奇，難不成○○一七是個難纏的傢伙？我趕緊翻閱了第三位受訪收容人的檔案資料。

○○一七，陳○○、六十歲、強盜罪、殺人罪……

興許是職業病犯了，一看到這個罪名，忽然有種「賓果！中獎了！的興奮感！」

什麼意思呢？中什麼獎？

先來問一個快問快答：

想到犯罪，你會想到什麼罪？

相信你腦中第一個浮現的罪名，應該不外乎：殺人、放火、強盜、偷竊，這些感覺既符合罪的典型又惡貫滿盈的犯罪行為吧?!

不過非常矛盾的是，雖然這些罪名如此名震天下，但實際上的發生案件數卻呈現逐年降低的趨勢。以殺人罪為例，從二○一四年到二○二一年，發生在我國的殺人案件數，從四七四件逐年減少到二一二件；嫌疑人數也從九一一人降到四四九人①。

而目前在台灣各級矯正機構的五二四二四名收容人中，只有一八九六位是因為殺人罪入監服刑，大約只占監獄總收容受刑人的三·六一%②。從這些量化數據來看就能夠了解，在監獄中有機會親自訪談到刻板印象中的「殺人犯」，會是多麼難得的經驗了。

從檔案資料的照片中，這位陳○○也的確符合所有人（包括身為犯罪心理學教授的我）對於殺人犯的刻板印象。這是一張感覺有點年代的照片，應該是陳○○入監初期拍攝的檔案照，照片裡的陳○○，目露凶光、臉部線條剛硬、唇薄而微翹，一股說不出來的殺伐之氣。

檔案內這些簡單的資料實在滿足不了我對陳○○的好奇，加上剛剛小郭欲言又止的提醒，我便開口問道：

「怎麼了？這位陳先生很難訪嗎？是不是很抗拒？照片看起來應該不是什麼善類，是你們管理上的頭痛人物嗎？」我盡可能地把所有最壞的狀況想進來，甚至還幻想等一下○○一七是不是會對我們的提問惱羞成怒，演變成為監所危安事件……

「老師，等一下你就知道了！我沒有賣關子，只是像○○一七這樣的老大哥，未來眞的會變成我們監獄管理上的重大負擔呀！」小郭微微嘆口氣，語氣裡讀不到任何正向期待。

「報告，○○一七帶到。」戒護人員的報告聲，把一切期待堆到最高點！然後我與○○一七、陳○○，這位最符合刻板印象，典型的「犯罪人」打了人生第一個照面。

第一眼印象，讓我不得不再看一下檔案照片，因爲站在我面前的這位○○一七，實在跟檔案照片有著十萬八千里的差別。有別於檔案照中的暴戾氣息，眼前這位根本就是個和藹可親的中老熟齡。

「○○一七，你坐這邊！」小郭起身幫忙拉開座椅，示意陳○○坐下。

這一連串的操作讓我有點意外，跟剛剛的李爺爺、王大哥不同，陳○○就像個「沒有靈魂的機器人」，一個口令、一個動作的執行著戒護員或是教誨師的指令。我開始不敢期待他能夠讓我們錄到什麼具有播放價值的內容了。

「兩位老師好，我是○○一七，陳○○，入監罪名殺人罪、強盜罪……」○○一七就像留聲機一樣，一字一句地播報著他的監禁履歷。

「陳先生，你放輕鬆一點，不要緊張！我們先自我介紹……我們今天是來聊聊你在監所的生活，放輕鬆聊天就好……我們可以叫你陳伯伯嗎？〇〇一七感覺好生疏喔！」我盡量用輕鬆的口吻，想要緩和一下對方那幾乎僵化的制式口氣。

〇〇一七似乎並沒有注意我在講什麼，我發現他一直把視線聚焦在教誨師小郭身上，然後目光偶爾會稍微掃過戒護員，似乎十分警戒地在觀察著他們的一舉一動。

更奇特的是，〇〇一七每次發言前，都會先抬頭看看小郭，等小郭揮手或點頭示意他講話以後，才開始幾乎又是制式的回答。

「陳伯伯，請問一下，你在監所裡面生活過得如何？」我問道。

看一下小郭。小郭揮個手。

「向戴老師報告，監所對我很好，每天都吃得很飽，也睡得很好。監所裡面的老師對我也很好，噓寒問暖。我身體有病痛的時候，也很方便，醫務室的醫生跟護士都對我很好，藥也很有效……」〇〇一七的回答，讓我覺得他應該不是收容在監獄裡，而是生活在伊甸園中。

「哇！這樣看起來，陳伯伯，您在裡面適應得不錯喔！」我盡量掩飾對於這些制式回答的失望，但是，受過專業心理學訓練的我，還是能夠嗅出一點點不太對勁的味道。

接下來的幾項提問，包括監獄裡的人際關係、與管理階層的互動、放封時喜歡做的運動、在監獄裡培養了哪些興趣，幾乎都不脫固定模式：看一下管理人員、收到發話許可訊號、制式發言回答。

這可有一點惹到我了，我決定先讓整個訪談暫停下來，離開我的座位，移向教誨師小郭，然後傾身在小郭耳邊小聲說道：

「這樣不行啦！我們又不是訪談機器人，這個陳伯是怎麼了？一副活死人樣。這樣吧，你找個理由，看能不能離開訪談室？看看這樣他會不會比較放鬆，願意真誠受訪？」我確定用只有兩個人才能聽到的聲音，提點小郭。

「老師，這樣違反監獄的訪談規定沒辦法啦！等一下如果有危安事件，不就算到我頭上？」小郭小聲但堅定地拒絕。

「不然這樣，你避一下，你跟戒護員都盡量站遠一點點，不要再給陳伯打pass了啦，好不好？」我沒有辦法，只好提出這樣的折衷方案。

小郭面有難色點點頭，向我示意一個OK的點頭。然後他站起身，拉了一下戒護員，兩人站到靠近訪談室門口，剛好在陳伯伯正後方的較遠處。這下陳伯伯的確不方便用視線請示回答了。

我還看到小郭拿起手中的對講機，用恰好的音量講著：「報告科長，是！是！是！我現在過去，請稍候。」小郭刻意打開訪談室的門，再關上，製造出一種他已經離開的聲音線索。他與戒護員避到了陳伯伯的視線死角，營造出一種虛幻的無人密室假象。

對一般人來說，這招應該是立馬跛腳的爛把戲，但是對於已經有重聽現象，以及因爲年輕時代逞兇鬥狠所遺留下來的腰部舊疾、不方便轉身的陳伯伯來說，應該是個有效的閃避方法。

我配合著小郭及戒護員，開始演戲。

「陳伯，教誨師跟戒護員有事先離開了，我們繼續訪談，你一樣放輕鬆，不要害怕，不要擔心，我們這些訪談不會影響你的累進處遇（見「法律知識補給站」）級別，也不會影響日後你提假釋的權利……」我推測陳伯的制式回答是因爲擔心講眞話會被小郭記住，影響在監獄裡的各項權益。

「累進處遇？假釋？」果然，小郭的迴避發生了作用。陳伯第一次沒有請示小郭，自己喃喃自語起來。

這邊先岔開一下話題，插播個「監獄知識補給站」。

法律知識補給站

「累進處遇」是什麼呢？

累進處遇是根據行刑累進處遇條例所設計出來，針對受刑人在獄中生活以及行為樣態給予評價的方法。透過累進處遇的級別晉升，從第四級到第一級。獄方可以依據上述法律給予不同級別的受刑人不同的生活管理形式。

舉例來說，依據行刑累進處遇條例第28條第一款規定：

第一級受刑人，應收容於特定處所，並得為左列之處遇：

一、住室不加鎖。

二、不加監視。

三、准與配偶及直系血親在指定處所及期間內同住。

第二級受刑人則在第27條中規定：

第二級以上之受刑人，晝間應雜居監禁，夜間得獨居監禁。

至於第三級以及第四級受刑人，其規定則根據第26條：第四級及第三級之受刑人，應獨居監禁。但處遇上有必要時，不在此限。

除了生活方式以外，第一級受刑人可以享有：應執行刑期縮短、非有特別事由，不得為身體及住室之搜檢、於不違反監獄紀律範圍內許其交談，並在休息時間得自由散步於監獄內指定之處所……各種在監獄中算是相對自由及永有部分隱私的生活權利。

更重要的是，根據行刑累進處遇條例第56條規定，各級受刑人接見及寄發書信次數如下：

一、第四級受刑人每星期一次。

二、第三級受刑人每星期一次或二次。

三、第二級受刑人每三日一次。

四、第一級受刑人不予限制。

也就是說，如果已經達到累進處遇第一級，那受刑人的接見與書信將不會受到限制，能夠充分滿足與外界社會的訊息交流。另外在書籍閱覽、收音機之保有、參加監所舉辦的各項活動上，級別越高的受刑人，也能夠享有更多的參與權力。

從這些規定，你一定可以歸納出一個重要的結論：累進處遇的晉升以及分數的累積，對於受刑人來說，眞的是非常重要的一種生存之道！

卸下心房後與關上鐵門後

回到正題，我拿出「累進處遇」，或是假釋這種「壓箱寶」的話題，無非就是想要引起陳伯伯回答的興趣，畢竟他已經在監獄中待了十多年，對於這個晉升制度應該耳熟能詳。

「累進處遇？假釋？」陳伯又複誦了一次。

「這種東西，對我還有用嗎？唉，關這麼久了，外面的人大概都當我死掉了吧，不限制接見？問題是沒有人來辦會客呀！不限制書信？我能寫給誰？我現在連寄一封信要貼多少錢郵票都不知道，就算我寫了，我要寫給誰？」陳伯似乎對這個話題很有感，講話的音調也高昂起來。

「你不知道啦，我們這種人，已經沒有什麼搞頭了。剛進來的時候，家人還有來辦個接見會客。然後，我記得是十年前的中秋節電話懇親，我打電話回家，但是家裡電話沒人接，之後的電話懇親，就都只聽到電話嘟嚕嚕嚕、嘟嚕嚕的聲音；我寫信回家，也沒有再收到回信。也是啦，一個家出了像我這種人，任誰都抬不起頭來。我也是可以體諒啦。」陳伯的言談中，滿滿的無奈與絕望。

「在這邊生活久了，說實話，也習慣了。吃得飽穿得暖，有人管理有人照顧。我跟兩位老師說，關進來以後，我反而每天都睡得很好，至少不用擔心要跑給警察追！是說被關這件事，講起來很丟臉，很難聽啦，但是如果現在眞的讓我出去，我能做什麼？我都六十了，沒人要了！在監獄裡學的那些，出去根本用不到。家人也沒了、朋友都在這邊，像剛剛的小郭老師，他人就很好，像是我兒子一樣，噓寒問暖。有時候我在想吼，我自己如果有兒子，可能都不會這樣孝順我……」

我用眼角餘光瞥了一下小郭，他無奈地聳聳肩苦笑。

「我跟兩位老師說，在這邊十幾年，看過的人來來去去，剛開始我還會想表現一下，想要爭個什麼級別，現在都不會了！人老了就是這樣，平安就好。謝謝國家養我這條爛命這麼久，我現在就是乖乖聽話，在監獄裡不要變成其他人的麻煩還有負擔。」陳伯用淡淡的語氣很誠摯地說著。

「而且小郭老師說我很守紀律，是其他同學的模範！我從小到大從來沒有當過模範生，每次被老師叫去訓導處就是罰站或是打屁股、搜書包，沒想到被關十幾年，我都關成這邊的模範生了！」講到這邊，陳伯給了我們一個笑容，一種春風少年兄的驕傲感，嘴角微微上揚，就像他的檔案照片那樣，那個曾經自認爲不可一世的黑道弟兄一樣。

「陳伯，那你還會想出去？或是如果出去以後有什麼打算嗎？」雖然捨不得打斷思緒飛揚的陳伯，但我還是提出了這個高齡受刑人一定會面對的問題與現實。

「出去喔？我不太敢想了啦，剛剛就說了，我出去要做什麼？我也不知道，也沒人要我了。如果眞的能出去，我想大概就是去問問看我老爸老媽還在不在。如果不在了，總要上個香，謝謝他們把我生出來呀，然後磕頭對不起呀，我沒有光宗耀祖就算了，還被抓來關。」陳伯心中還是對爸媽有著放不下的牽掛與歉疚。

「那如果爸媽還在，你出去一定要好好盡孝道，好好陪他們呀！」打蛇隨棍上，趁著這個溫情話題，我打算持續讓它發酵。

「如果爸媽還在喔?!我遠遠看看就好啦，不會再去打擾他們啦，十幾年沒見面沒聯絡了，他們的意思也很清楚了。我遠遠看過就好，我自己去找地方過日子啦……」陳伯頭低低地，撥弄著自己因爲嚴重風濕而彎曲的手指。

接下來就是一片靜默，陳伯、我、詹小姐、還有小郭及戒護員，沒有一個人知道接下來該做什麼。

還是小郭機靈，我發現他先製造了開門聲響，然後順著走回訪談桌邊。

「陳伯，好啦，不要想那麼多啦！人在做天在看，你有改的話，大家都看得到啦！家人那邊，我再幫你問問，你安心過日子。你是我的模範呢！我逢人就誇你喔！不要給我難看喔！」小郭看著陳伯叨叨絮絮著，但是我清楚聽到小郭有一點點鼻音，眼角也濕濕的。

「謝謝老師，謝謝戴老師，謝謝詹老師！」陳伯站起來，向我們三個人鞠躬敬禮。這次的鞠躬敬禮除了制式的僵硬外，陳伯的語調和緩許多，感覺更有人性。

在戒護員的護送下，陳伯轉身離開。我原本想拍拍他的肩膀鼓勵，但是這也是違反規定的。所以我出聲喚住陳伯：

「陳北杯，加油！要聽小郭老師的話，安心生活喔！你是模範生喔！」我隔空舉臂，給了陳伯一個敬禮的手勢。

「謝謝戴老師，謝謝！」這次換陳伯掉眼淚了，微微地啜泣，當然我不能確定這是一個殺人犯鱷魚的眼淚還是眞心的悔改。

隨著鐵門柵欄再度關上，陳伯回到他人生中最熟悉的生活場域，這個陪伴了他十幾年的鐵門上鎖聲，不只約束了陳伯的身體，也讓陳伯的心，從此被關在陰暗深遠的角落，似乎永遠沒有溫暖的一天。

①法務部司法官學院，二〇二三年
②法務部法務統計資訊網，二〇二四年八月底資料

1-4 風中殘燭的生命

記得一九九三年，我還在政治大學心理系就讀大三的時候，恩師林美珍教授開了一門課：成人發展與老年，在那個二十世紀末，九〇年代初期，一片欣欣向榮的年代，「老年，高齡」是一個令人感到極度陌生與遙遠的話題。

還記得選課以後，我特別去問了美珍教授：

「老師，成人還有發展呀？不是就一直上班，工作？老年更不可能發展了吧？不就是退休，無所事事，四處走走串門子？」我有點理直氣壯地問老師。

「伸峰，老化是一個非常複雜的問題喔！不只是一個人變老，身邊的人也會一起變老，整個社會也會走上高齡化。很快地，我們就要處理高齡化的問題囉！」美珍老師很有耐性地回答我無禮的詢問。

在美珍老師的課程引導下，我開始對高齡議題產生興趣，還完成了以高齡者人格發展爲主題的碩士論文。

成功的老化高齡發展各項議題中，最引起我興趣的是「成功的老化」。對於當時二十出頭的我來說，老化怎麼會成功呢？老化不就是一種衰退、一種沉靜、一種無奈、一種邁向絕望的歷程嗎？

隨著高齡研究的進展，成功的老化漸漸有了清晰的學術定義。Rowe & Kahn（一九九七）定義，成功老化包含三個要件：

一、降低疾病與失能（disability）之發生。

二、維持高度的認知與身體功能。

三、積極參與日常活動。

後期學者Crowther等學者（二〇〇二）則爲成功的老化加入第四個要件：

四、正向靈性（positive spirituality），這是指宗教信仰與靈性力量等，對於高齡者之正向影響性。

帶著對於高齡學理初步的認識以及興趣，我開始接觸對台灣社會結構產生翻天覆地影響的不可逆趨勢「少子高齡化」。不可諱言，少子高齡化是近期台灣社會演變趨勢中，最重要也幾乎無可抵擋的主流議題，因爲這個趨勢所衍生與高齡者有關的長照、安養、殯葬、遺產、遺物整理等議題，一直帶給台灣社會衝擊與挑戰。

但是在政府提出五花八門的銀髮照護或是人力再投入等政策的背後，另一個弱勢中的弱勢議題，正悄悄地惡化，侵蝕台灣原本就已經非常拮据的矯正資源，那就是高齡犯罪。

那麼，到底多老的犯罪人，才算是高齡犯罪呢？在國際上，日本的高齡犯罪以六十五歲爲切割點，美國則多以六十歲爲切割點。但亦有不同的研究文獻指出，由於犯罪人通常屬於社經地位弱勢，比較不容易取得社會福利或保障，生活欠缺良好的照顧與支援。因此犯罪人的生理健康年齡比他們同年齡層的一般人更不健康，更顯老化。因此，也有國家將高齡犯罪的年齡認定，大幅提前到五十歲的考量。

同樣地，台灣也沒有一套明確的法律規定幾歲以上的犯罪人屬於高齡犯罪人，也沒有明確的法律規定幾歲以上的受刑人叫做高齡受刑人。一般說來，台灣傾向於認同公務員退休的六十五歲是一個切分點，比六十五歲年長的就是高齡犯罪人。而六十歲到六十五歲則被認爲是準高齡，一種預備軍的感覺。

高齡犯罪人不但在年齡區分上有著分歧的定義，其實高齡犯罪人的型態也十分多元（見「法律知識補給站」）。

「高齡犯罪」雖然只是簡單四個字，但是背後隱含了非常多樣的問題與困境。

坊間已經有很多書籍及論文，探討高齡犯罪發生的原因及提出相關的解決建議，這邊就不班門弄斧，我們來談談本章一開始提到的「成功的老化」。

人類的出生是一個近乎千篇一律的過程，懷胎十月、呱呱墜地，除了一些相對較少的遺傳性疾病以外，在醫學科技發達的今天，成功順產並安全養育下一代，已經不是一件稀奇的困難事了。

那麼老化呢？那就不一定了。

法律知識補給站

根據日本學者的分類，高齡犯罪人可以區分為以下三類：

早發犯：是指犯罪人在他二十五歲之前就開始有犯罪行為，其犯罪行為不斷重複，繼續至老年期。

遲發犯：是指犯罪人在二十五歲之後才開始犯罪，繼續至老年期。

高齡初犯：是指犯罪人在他已經老年期（六十五歲之後）才開始犯罪行為者。（山下，二〇〇三；仲，二〇一〇）

美國也有學者（Thomas & Greenberg，二〇〇五）針對高齡犯罪人的犯罪型態不同提出類似的分類：

高齡始犯罪者：是指第一次犯罪時，就已經是晚年（高齡）的人（類似日本定義的高齡初犯）。

高齡持續犯：是指這個人從少年時期開始，不斷違法犯紀，反覆進出監獄多次。進入高齡期之後，其犯罪行為仍未間斷（類似生涯持續累犯）。

長刑期高齡犯罪者：是指犯罪人在年輕時，就因嚴重的犯罪行為而被宣告類似無期徒刑或是很長的累積刑期，也可能是因為三振法案等，在刑事司法體制上被判處很長的刑期（類似台灣常說的重刑犯）。這些受刑人終其一生幾乎都在監獄度過，而其刑期的尾聲正好符合高齡者的要件，也就是說，這個犯罪人是在監獄裡老去甚至在監獄中往生。

（Stan Stojkovic，二〇〇七）

雖然刻板印象中，老化是一幅天倫之樂的人倫幸福圖鑑，但是我們偶爾在街頭也會看到生活困苦的拾荒老者、在都會火車站露宿街頭的流浪銀髮族，當然，打扮光鮮亮麗、出沒號子、啜飲午茶的貴婦奶奶，也常常出現在我們眼前。跟「人的出生」這件事情比較起來，人的老化，不管是好的還是壞的，感覺有更多可能性，而且更有一種「各人造業各人擔」的感覺。

四十歲那年老天爺送我的「禮物」

的確如此，先轉個話題，請你猜猜看，戴老師今年（二〇二四）年幾歲？不多不少，正好五十三。

你可能在想，戴老師是不是要開始說五十三歲的老化感？恰恰相反！其實是要分享一件發生在我四十歲、幾乎改變了我一生，攸關生死的人生大事。

那是二〇一二年九月二十一日，四十歲的我剛剛升上副教授，生了兩個兒子、父母健康、太座青春、兒子可愛、事業順心，一切的一切就像是蜜糖一樣，生活甜膩得化不開。

人生正值壯年，加上平日略有保養，身形還是維持得相當得體。為了衝刺未來的人生，在二〇一二年二月的時候，花了一筆投資，去大醫院做了十分縝密的健康檢查。

身體檢查結果當然一切無大礙。只有幾個小數字呈現紅色：膽固醇過高、低密度膽固醇過高、血壓過高，大約就是這些感覺起來只有上年紀的人才會有的症頭。記得在看總報告的時候，醫生叮囑我要注意：你的血液檢查有一些紅字，飲食上要多注意（少油少鹽），找時間來回診，找一些適當的方法排解壓力、多運動。

醫生的囑咐我左耳進右耳出，只對最後一個醫囑感興趣：「多運動」。講到運動，就是我一生的遺憾，認識我久一點的朋友一定都知道，我有一個跟了我快要三十年的綽號「戴胖」。我從小就愛吃美食，加上對運動不在行，胖胖的就是我給人的第一印象。愛吃、發胖、不愛動，這三個惡性循環，讓我跟運動比賽絕緣，從小就是坐在場邊喊加油的應援隊長。

直到我到中正大學服務，因緣際會參加校慶校園越野賽跑的教職員工組，拿到人生中第一座運動獎盃（第三名），這可燃起我的雄心壯志！既然醫生說要多運動，好！那我就決定挑戰二〇一二年的校慶越野賽跑，準備把冠軍獎盃扎扎實實地拿下來。

我從二〇一二年四月就開始準備，重訓、跑步、間歇跑，看著網路土法煉鋼，漸漸喜歡上運動。運動量加大的同時，食量也開始增加。那不就剛好？我心想。於是開始攝取大量肉類製品，希望更快長出具有爆發力的肌肉。當時我並不知道，錯誤的飲食加上突然增加的運動量，正把我一步一步地推向人生中最大的危機引爆點。

隨著運動量快速累積，我的身體，尤其是心臟，偶爾會向我發出警告，甚至抗議。越來越喘、有時候會心臟抽痛、有時候甚至吸不到空氣，這些訊號都代表心臟的抗議。但我視若未睹，把所有身心不舒服歸因到「還不夠操」，然後用這個理由再增加運動量。

然後就到了二〇一二年九月二十一日當天，我一樣早起到學校健身房運動。先跑了六千公尺跑步機，做了幾下仰臥推舉、槓鈴深蹲，總覺得身體哪裡卡住，一種難以施展的感覺。

「算了，先回家吧！」我這樣想著，換好衣物準備離開體育館。

就在我踏出體育館的那一步，一種前所未有的疼痛感襲來，我的心臟像是被厚重的石頭壓住，快要被壓扁一般的疼痛。我努力吸氣，但就是無法完整的呼吸。一陣暈眩，我癱坐在體育館門口。稍微按摩胸口一下以後，掙扎爬起，緩步往宿舍走去。當時眞的嚇壞了，我到底怎麼了?!

走沒幾步，我的心臟再也撐不住。拚盡最後的力氣，挪到學校的緊急電話旁躺下，當時已經沒有力氣站起來打電話求救了。

還好路過的幾位認識的老師發現事態嚴重，趕緊打電話通知校警。校警也在第一時間連絡了救護車。因爲當天是國家災難演習日，有不少救護車就停在學校操場準備演習，我就這麼幸運地在幾乎沒有時間差的情況下，被送到距離學校大約十五公里遠的嘉義基督教醫院。

到了醫院，經驗豐富的心臟內科朱益增醫師很快就幫我確認了身體狀況，他決定立刻對我實施心導管手術。記得我當時躺在病床上，朱醫師請我簽一些文件時，我還傻呆地問他：「醫生，我爲什麼要簽？我是什麼病？」

朱醫師沉穩但急迫地告訴我：「你是心肌梗塞喔！」

蝦毀？心肌梗塞？這不是老人的專屬疾病嗎？我才四十歲！平日運動量極大、身形健康壯碩、從來沒有任何前兆，怎麼會心肌梗塞？

就在我完全摸不著頭緒、驚魂未定時，朱醫師做出明快的決定。運用最新的醫學科技，很快在我的心血管找到阻塞的地方，然後迅速裝上支架。十五分鐘內，我的生命獲得拯救，但是也從此成爲一名隨時都有生命危險的「心臟病患」。

住了三天心臟內科加護病房，人生從此有了一百八十度的大轉變。朱醫師拿起當時拍攝的一些心臟超音波資料，仔細地跟我說明：

「你的心血管有一些天生的畸形，特別彎曲。加上過高的膽固醇，所以你看，這邊還有一些阻塞喔！這邊也是……」朱醫師用原子筆在螢幕上圈圈點點。我根本看不懂，密密麻麻的，開始後悔高中的時候沒有認眞一點，去讀第三類組當醫生。

這些專業術語我根本沒有聽進去，只是緊張地問醫師：

「我還有多久可以活？」這是所有病人都想問醫生的問題。

「你放心啦！你只要好好保養，按時吃藥、回診，飲食嚴格控制，心情放輕鬆，保持適量的運動，不要高壓動怒，你的人生還有一片大好未來呀！」朱醫師語氣中帶著鼓勵，也帶著殷切的叮嚀。

然後我就從四十歲開始，身上帶著一支心血管支架，每天定期服藥，三個月回診一次，適量運動，成爲朱醫師口中的「模範心臟病患」。這十二年來，我沒有再因爲心臟問題看過急診，也沒有再發作，甚至可以大聲說，我覺得現在的自己比心臟病前的自己感覺健康多了。

朱醫師是個很好的醫生，他知道我們這些心臟病患需要有專業醫囑支持，所以時常這樣勸我：

「還好你的心臟問題發現得早、處理得好、保養得不錯。其實有不少中壯年病患，五十來歲，第一次發病就離開人世，根本沒有任何機會，人生就這樣嘎然而止。」

犯罪行爲對高齡者的毀滅

從這段人生插曲，你應該可以感覺到成年及老年階段的一些特徵了。

首先，成年及老年是一段漫長的生命歷程，如果按照法律規定，二十歲是成人的年紀，那麼一直到往生爲止，統統都是成人及老年。按照台灣現在的期望年齡來看，整個成人及老年期幾乎長達六十餘年，相較起來，青少年從十二歲到十八歲那區區六年，跟本就微不足道呀！

也因爲成人及老年是如此漫長，任何一件重大事件的發生，都會深刻且長遠的影響成人及老年的日後發展。以我爲例，四十歲的心肌梗塞事件，讓我更懂得保養，更注意養生，也因此獲得更好的生活品質與更健康的身體。如果沒有那年的緊急事件，也許我會因爲持續過量運動、高油高鹽飲食、持續高壓的情緒管理等負面因素，把身體弄到萬劫不復的地步，毫無挽救的機會。

從這樣的角度來探討犯罪對人生的影響，你一定會更加清楚。一個犯罪人，不管他所犯下的罪行是輕是重，最終都無法逃過法律制裁。即使法律有所缺漏，無法及時對犯罪當事人進行裁罰，這個犯罪人也會因爲自己的犯罪行爲而終日擔心害怕，惶惶度日，最終可能導致原本安穩的生活出現巨大波動甚至毀滅。這就是犯罪事件影響論的觀點。也就是說：**犯罪事件或是行爲的發生，將會嚴重影響當事人的生活，帶來不可避免、無法挽回的傷害。**

那麼犯罪對高齡犯罪人又有哪些影響呢？

在討論犯罪的影響前，先回到成功的老化。健康的身體狀態、高品質的認知功能、充足的社交活動、滿足的心靈探索，這些都是每個高齡者夢寐以求的成功老化。那犯罪會對這些成功老化的目標帶來怎樣的致命破壞呢？

首先提到的是對身體健康的傷害。我們都知道，台灣目前並沒有專門為高齡受刑人的身心狀況設計專門的高齡監獄。這些銀髮受刑人與其他年輕力壯的受刑人們收容在相同的監獄內。一些對年輕人來說毫無問題的監所設備，對高齡受刑人而言簡直就像地獄般折磨。最常聽到的抱怨是蹲式馬桶。很多高齡者腿部力量已經衰弱，根本無法久蹲，許多高齡受刑人也都表示，在監獄中上廁所是他們最害怕的事。

飲食上也是一個麻煩。很多高齡受刑人的咀嚼咬合能力已經衰弱，監獄因為是團體生活，大家吃的都是一樣的團膳伙食。監所實在很難有多餘人力為高齡受刑人特別準備軟爛、適合吞服的食物。

臥床又是一個困擾。高齡受刑人對於監獄中較堅硬、缺乏彈性的臥床也感到不適應。另外就是起身或是躺下時，很多高齡受刑人需要有人攙扶才能從床上起身坐好。

最後在行動上，不少高齡受刑人，走路需要攙扶或是輪椅代步，爬樓梯需要獄友協助抱或背，這在無障礙設施較爲缺乏的老舊監獄中，更是棘手的問題。我們可以這麼說：高齡受刑人在監獄中的生活，不管食衣住行各方面，都比年輕力壯的受刑人來得辛苦，也需要更多照護。根據美國實證數據分析顯示：照顧一位六十五歲以上的高齡受刑人，其各項成本幾乎是年輕受刑人的三倍有餘！

接下來的麻煩就是認知功能的維持。因爲監獄並不是教學研究也不是安養機構，其主要功能在於監禁與處遇而非學習。此外爲了協助受刑人出監後能有一技之長，監獄會針對社會需求，設計多樣化的課程以及職業訓練，幫助受刑人銜接出監後的生活。從這樣的角度出發，監獄內的各項課程或是職業訓練，講求的就是實用性以及求職便利性。

這樣的課程對高齡受刑人有用處嗎？很顯然，答案是否定的。不管是哪種類型的高齡犯罪人，都代表他們在六十五歲的時間點內，都還是被收容在監獄內的狀態。也就是說，不論其刑期長短，這些高齡受刑人離開監獄的時間點一定會比六十五歲還要老。試問，在一般企業或是商家，雇主會主動雇用六十五歲以上的銀髮長者嗎？更何況這些高齡更生人身上還背著犯罪前科，這樣他們不就是就業市場弱勢中的更弱勢了嗎？

另外一種常見的高齡弱勢，比較容易出現在生涯持續型累犯以及重刑犯身上。這些高齡受刑人因爲其犯罪行爲而被長期或是頻繁監禁，幾乎從小就沒有機會受到良好的教育。你可能很難想像，即使是二十一世紀的今天，我們依然可以在監獄裡看到讀寫能力不足的高齡受刑人，更何況是一些需要高度認知功能的運算能力了。

再來是高齡受刑人的學習動機。在監獄實務管理現場，一般來說，高齡受刑人被認爲是相對遵守規範，但也有固執、不通情理的一面。他們習慣於根深蒂固的生活作息，有許多令人想不透的堅持。對於透過學習來改變自己，同時刺激認知功能，高齡受刑人的動機便顯得相對較低了。

第三個主要的破壞來自於社交活動的維持。你可能會對此有點疑問，社交活動的維持被破壞？是不是高齡受刑人都被關在獨居房裡？還是其他受刑人不想跟他們保持社交互動？其實並不是。

這邊提到的社交活動維持的破壞，主要來自於高齡受刑人在入監前的社會人際關係，與入監前人際關係解離的現象，在重刑犯及生涯持續累犯身上，這是一個長期無解的問題。不管是學術研究觀察還是監獄實務，都可以發現：受刑人監所外的人際關係維持具有相當難度。這些受刑人不能自由回家探親訪友，書信撰寫也有一定的頻率管理，不能使用手機及通訊軟體，因爲長期收容與數位社會的發展逐步脫節，這些問題都會讓長期或頻繁入監的受刑人，漸漸被家人或朋友遺忘，最後，這些高齡受刑人往往只剩下獄中的朋友，彼此取暖。

高齡初犯受刑人的人際考驗

那麼高齡初犯的狀況又是如何呢？跟重刑犯與生涯持續型累犯不同，這些高齡初犯需要被關心的是，年紀很大了，忽然間被迫與家人親友分開這件事。如果說重刑犯及累犯與親友分開是一種無奈，那高齡初犯則有更多的震驚與難以適應。就像我們在前面故事中提到的謊稱「到緬甸經商的王大哥」，他在入監前是企業負責人，與高堂老母及家人親友同住，承歡膝下、含飴弄孫。忽然間因為犯罪被收容到監獄裡，與家人隔離，還要編一套緬甸經商的謊言欺騙老母親，這種衝擊正是高齡初犯受刑人最需要面對的人際考驗。

最後一個破壞是心靈的探索與追求。你可能會覺得滿玄的，高齡犯罪人就是因為自己的犯罪行為才被關到監獄裡，乖乖坐牢就好，還要追求什麼心靈的探索與追求？

這邊就必須用心理學家艾瑞克森的理論來說明了。艾瑞克森發現：人的一生會經歷很多階段，每個階段都有不一樣的生命目標。比方說發展依附關係、尋找個人價值、追求社會成功等等。

艾瑞克森指出：人到了老年以後，最重要的生命目標就是**「統整自己的一生」**。聽起來很學術的感覺，其實簡單來說，就是**對自己走過的人生回顧、反省並且安然接受**。

人到老年，很多事情已經沒辦法「再來一次」或是「東山再起」。老年人必須開始面對自己一去不復返的青春容顏以及豐沛體力，當然，逐步凋零的人際關係也是老人家必須面對的課題。就像有一段短影音描述的，五十歲辦同學會是全家與會、六十歲辦同學會是攜伴參加、七十歲辦同學會是三三兩兩、八十歲辦同學會是外勞推進場。這就是老年人的人際關係最佳寫照。

所以老年人在生命末期，最常做也最需要完成的，就是回顧、反省並統整自己一生的經歷。艾瑞克森發現，對老年人來說，「覺得自己這輩子白活了」，是一種非常可怕且絕望的感受，象徵著自己的人生一事無成。

到這裡你應該大概能了解，關進監獄這件事情對高齡受刑人的心靈帶來多大的衝擊了。這些高齡受刑人因爲犯罪被關到監獄裡，首先要面對自己在人生末期卻沾染上前科汙點的社會評價壓力；關在監獄中也讓這些高齡受刑人無法參與親友離開人世的各項儀式典禮，然後他們還必須面對未來社會賦歸所產生的壓力。凡此種種，都讓高齡受刑人成爲整個監所矯正體系中，最沒有希望、最沒有未來的一群。

這次因爲製作廣播節目的緣分，我認識了李爺爺、王大哥和陳伯。我還記得每次收音結束，他們要返回戒護區時，一直看向我們，不停鞠躬哈腰、不停道謝的身影，然後拖著微微顫抖的步伐，消失在我們的視線裡。

我感覺到，他們的生命，就像風中殘燭，不眞實地搖晃著。隨著鐵門冰冷的關上，這個燭光的溫度再度下降，慢慢被掐熄……

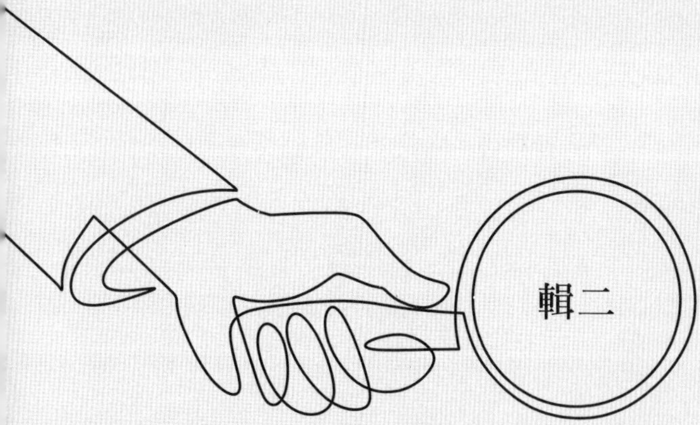

那些與性別有關的事

2-1 準點情人

故事發生在二〇〇六年，我剛回台灣踏入職場教學的第一年。

當時的學生就像小自己大約十歲左右的弟妹一般，除了師生的教學關係外，更多了一種同年齡層的革命情感。教學相長的鼓勵，讓我與這一班的同學有非常多互動與接觸，所以發生在某一位女同學身上的這件事，事隔多年以後還是記憶猶新。

事情的發生在我所開設的「心理測驗（一）」這門課程。

講到心理測驗，你會想到什麼呢？

E人？I人？孔雀人格？貓頭鷹人格？智力測驗？IQ分數？

你想到的這些都是！

就學術上來說，心理測驗是運用科學化、客觀化、計量化的方式，了解人類心智運作歷程的測量工具，就類型上來區分，心理測驗可以區分爲：智力測驗、性向測驗、成就測驗、人格測驗、態度及價值觀測驗等五大類。

但是就科普知識來說，心理測驗的範圍就遠遠超出學術定義了。

我記得第一堂課時，我請同學回答：「爲什麼想要選修心理測驗？」其中一位同學的回答就讓我整個大驚！

「老師，我選修心理測驗是想知道我的女朋友到底愛不愛我。」

天哪！這個基本上已遠遠超出心理測驗的範圍，應該進入偵查測謊的領域了！

就這樣，我帶領的這個心理測驗班級，三十位選修學生，有著三十種對心理測驗的不同期待，也呈現出三十種不同的修課風格。

其中一位女同學，是讓我最困擾也幾乎讓我在課堂動怒的一位。

荒腔走板的出席率與全班最高分竟是同一人？

課程是開在每週四上午十點到十二點。開設年級是大三，也就是大三、大四的學生都可以選修。

相信不少人都知道，在大學開課，「早八」是一個猶如結界般的禁忌。所謂的早八就是早上八點十分開始上課，對於大學生來說，早八可能是很多人剛剛清醒，甚至是剛剛入睡的時間，開早八的課，除非教授是名師、課程是必修、內容超精彩，一般教授不會輕易挑戰這種時間。

所以我選早十。

二〇〇六年，我剛剛從日本東北大學取得博士學位回國。六年的留學生涯，讓非常多的日本式生活習慣牢牢地刻在我的DNA裡，其中最重要的一個習慣就是「時間嚴守」。

中文直翻是「遵守約定時間，不得遲到」的意思。

其實日本人對於時間嚴守的堅持，其細緻的程度，遠遠超過我原本的想像。先把話題岔開一下，談談日本人的守時。

這又是另外一個故事。二〇〇六年二月。我的指導教授，日本紫綬勳章學者大淵憲一教授，帶著我及另一位博士生中川知宏（現任近畿大學社會心理學副教授），三人一起到東京拜會法務省的業管官員，同時確定未來的合作計畫，會談時間訂在上午十一點。

大淵老師、我以及中川同學，我們三人一早從仙台搭乘新幹線前往東京，然後轉乘東京都內的電車，一切都是如此的順利，大約十點三十分便抵達日本法務省，整整提早了三十分鐘。

二月的東京正是隆冬季節，就算相對於仙台已經較爲溫暖，但是冷冽的寒風還是刺骨。

我當時心想：還好提早到了，可以先進去法務省吹暖氣，暖暖身子。但是大淵老師卻好像不這麼想。他領著我與中川，開始介紹起法務省的建築物特色及日本的刑事司法歷史。大淵老師不愧學識淵博、涉獵廣泛，法務省本廳舍雄偉的紅磚造建物，在他的介紹中活靈活現起來。

然後時間掐得很剛好，我們一行三人在十點五十分走到法務省管制區外的通傳口，與法務省的接待人員見面，終於進入法務省大樓。

會談室離通傳口不遠，我們進入會談室，整理一下儀容、準備好資料，差不多是會議開始前五分鐘，法務省方的接待人員也剛好遞上熱騰騰的咖啡。一切就像是完美的齒輪，一齒一齒地咬合著滾動前進。

法務省官員分秒不差地在十一點準時出現，然後按照會議程序，依舊是分秒不差地，整個會談在十二點完美結束。

回程的新幹線座位剛巧坐在老師身邊，如果過度沉默難免還是尷尬，所以我起個頭，開個話題跟老師聊天。

「老師，謝謝您今天的安排，而且老師您懂好多喔，沒想到連明治時代的建築物歷史都知道。」其實我比較想問的是，明明可以先進法務省取暖，爲什麼還要在外面晃個二十分鐘，雖然聽建築物的歷史的確精彩。

大淵老師似乎讀出了我的眞實想法，他緩緩地向我說明了日本形式的「時間嚴守」做法。

大淵老師說：「今天剛好有時間跟你們聊聊不一樣的專業，其實主要的目的就是消耗時間。」大淵老師平心靜氣地說著。

「消耗時間？」我心中狐疑著，因爲大淵老師平常要求我們最嚴謹的就是會談時間一定要嚴格遵守，遲到早退都是嚴重失禮的行爲。

「我們今天提早到了三十分鐘，有點太早了。如果提早三十分鐘就進法務省，很有可能接待方還沒有準備完成，太早進去會看到他們手忙腳亂的樣子，這樣並不禮貌。當然遲到也是不行。戴桑，教你一個小小的日本禮節：如果要跟日本人有正式一點的會談約定，記得提早大概五分鐘到現場。讓對方做好萬全的準備，我們也可以打理自己，這是最有禮貌的到訪時間。」大淵老師如是說著。

原來如此，時間嚴守原來包含了這麼多人際關係的意涵呀！

回到我的心理測驗課程。

早十的安排，照理論講，應該不會造成學生多大的早起負擔，加上這是一門選修課，會選修的大多是對課程有興趣的同學，所以我對於出席率很有信心。

事實證明我沒有看錯，同學的出席率一直讓我很放心。三十位選修同學的出席率也一直都很高。只有一位已經大四下來修課的女同學，直接踩到我的時間嚴守紅線——習慣性遲到及偶發性未請假缺席。

早上十點十分的課，這位同學幾乎每次都是大約十點五十分才會到課。然後在期中考前，已經有過兩次未請假缺席被我點到。相較於其他安分守己、準時出席的同學來說，這位女同學的出席狀況實在太差了，讓我非常不以爲然，幾次想在課後留她下來關心一下，但是這位女同學只要我一宣布下課，就像逃難似地，飛奔出教室。

這樣逃難式下課，更加引起我的不悅，我準備看她期中考表現再來決定，是否通報學校的成績預警機制。

讓我震驚的是，雖然她的出席狀況非常糟糕，但卻考了一個穩穩妥妥的期中考分數，九十四分，全班最高分！荒腔走板的出席狀況與全班最高分的考試表現，竟然出現在同一個同學身上，實在讓我太震驚、太摸不著頭緒了。

期中考後，她依然故我，遲到，直到我再也忍不住地發電子郵件給她。

「〇同學您好，我是開設心理測驗課程的戴伸峰老師，想針對妳的出席狀況以及學業學習與妳懇談。是否方便安排下週的課後時間，或是兩堂課中間的下課時間，我們討論一下？」

過了一週，這位同學都沒有回訊息，雖然如此，我還是抱著希望，希望她至少能夠到課，然後跟我當面說說自己的狀況。

結果那天，我等到的是這位同學第三次未請假缺席。

這樣的結果不是我預期的，我記得當時整堂課都要分神按耐住怒氣，避免過度關注她的缺席。

氣沖沖地上完課，我想其他同學也感受到我的情緒，大家安安靜靜地下課。我隨手收拾散落在講台上的講義與課本，眼角餘光瞥見一位女同學慢慢走過來。

「老師，你好……○同學的事情，我想跟你說明一下。」這位A同學在班上與缺席同學較要好，她都會幫○同學保留身邊的位置，讓遲到的她比較不引起注意地進教室上課。

「呃，她今天又沒有來上課了。這是她第三次未請假缺課，而且她從開學到今天已經第十一週了，每次上課都遲到。更奇怪的是，每次都準點遲到！我就不信那麼準，連遲到都要看風水算時間？她難道不會把鬧鐘調早一點點嗎？每次都在差不多的時間點遲到，她這是蓄意瞧不起這堂課？還是刻意瞧不起我？」既然有人開始關心這件事，我就一股腦地把心中的不滿全說了出來，甚至還有一點用吼的感覺。

A同學感覺是有備而來，她並沒有被我的情緒嚇到，表現非常鎮定。

「老師，我知道你一定不開心，你今天上課都不太講笑話，我們都感覺出來了。○同學有跟我說你寫Email給她的事情，她請我來跟你說明一下。」A同學口氣平穩。

「嗯，那你說說看，她怎麼了？」我還是有點不開心。

「其實○同學很想來上你的課，也很喜歡你的課。她一直說你是她遇過算是教學很認眞的老師。」A同學好像○同學的解語花一樣。

「那就不對啦，既然她喜歡上我的課，爲什麼會習慣性遲到？每次下課就像逃難一樣，拔腿就跑，難不成椅子上有刺？」我被A同學的說明搞得更糊塗了。

「老師，老師……你先息怒！事情不是這樣的，」A同學試圖先緩和我的情緒，她好像也怕捲入我的憤怒之中。

「嗯，不好意思，我剛剛失態了，抱歉。那你說說看她到底發生什麼事情了？」學生給台階，我趕快順勢下台，避免溝通中斷。

「其實她每次都是一大早六點半從台北搭火車到嘉義，再換騎機車到中正上課，所以到課堂差不多都接近十一點了。」A同學說著。

我更搞不清楚了，「什麼跟什麼呀？從台北通勤到中正修課？」這也太不可思議了吧?!一瞬間，這個◯同學從習慣性遲到變成遠距通勤模範生?!

更驚人的還在後頭！

「老師，她每次下課急著離開，也是爲了要搭十二點多那班火車趕回台北，所以才匆匆忙忙離開。不過她每次都有跟我借筆記，也很認眞複習，我也有幫她錄音，所以課堂表現才會那麼好。」A同學終於說完。

坦白說，我腦中一片空白。什麼鬼呀！在那個高鐵還沒營運的年代，台北嘉義當天往返，已經是一件很超人的壯舉了，而且這位○同學還是爲了兩小時的課程往返，那我眞的是百分百錯怪她了?!

「怎麼會這樣？她沒有住宿舍？她不是住在學校附近？那她其他課程怎麼辦？」我還是忍不住追問了。

「其實○同學已經修完畢業學分了，她是眞的很想修心理測驗，所以這學期才會選這門課。她已經搬離嘉義，現在跟男朋友住一起，在台北。」A同學解釋。

「原來如此！那她可以提早一天來嘉義呀！妳跟她感情應該不錯，收留同學一晚應該不難吧?!」我嘗試提出解決方案。

「老師，我不知道該不該講耶……」A同學面有難色。

「沒關係，妳決定要不要說。不過現在同學都走光了，應該沒什麼問題，我尊重妳的決定。」

「其實這是她男朋友的問題啦……她男朋友管她管很嚴。」A同學慢慢切入問題核心。

「她男朋友算是很愛她吧?!也很怕她變心，所以對〇同學的行動嚴加控管。他們從大二就在一起了，那時候老師還沒來中正教書，所以一定不知道，他們很多故事都很出名。」

「後來因爲她男友要準備國考，所以搬回台北，就死纏爛打要〇同學一起搬過去。但是他又不放心女朋友在外面過夜，所以就規定〇同學要當天往返。〇同學只好搭每週四最早的台鐵從台北到民雄，然後騎車上來中正；下課再原路趕回去，因爲她男友規定她五點半以前要回到家。」

這一連串連珠炮式的發言，聽得我目瞪口呆！都什麼年代了，二十一世紀、性別平權、多元融合的台灣，竟然還有這種性別霸權的存在，竟然還是我的學生？高學歷、高知識，甚至還有一定程度的法律素養，這些訊息讓我忽然語塞了。

「老師，所以還是請你包容一下啦，〇同學她是有苦衷的。」A同學邊嘆氣邊說著。

「那她有求助學校的輔導中心嗎？她男友可能有一些性別霸凌的問題，這樣的感情存在太多的不平等，我甚至覺得這個男生可能有強制罪的問題哩！」

我無厘頭地再丟出一些回應。

「老師，這些話我們不知道勸過○同學多少遍了，當局者迷呀！她就是陷在裡面。其實還有一件事，你記得她期中考忽然把頭髮剪短嗎？」A同學問我。

「哦，我沒注意耶……」我原本就是時尚盲，加上當天專注在監考，實在不會去注意○同學的頭髮。

「我聽她講，好像就是期中考前兩天吧，她男友因爲一些小事，聽說是她回家比較晚，就生氣了，然後拿剪刀把她頭髮剪了好幾撮下來……」

「這……這是犯罪行爲了吧，怎麼可以這樣！」我腦中浮現出更多自己腦補以後的恐怖情人畫面。

「唉，我們也勸不聽呀！」A同學攤手無奈，然後向我揮手告別。

我被A同學提供的海量訊息轟炸到癱坐在講台椅上，完全無法想像，如同花系列、瓊瑤劇，或是韓劇的灑狗血劇情，竟然在我的課堂學生身上眞實上演。

我整理心情回到辦公室後，想寫封訊息給◯同學，但是又怕讓A同學覺得我出賣她，兩難。還是我去輔導中心備案？或是我去警察局報案？第一次遇到這樣的事情，我眞的像隻無頭蒼蠅完全抓不到介入的尺度。

接下來兩週，◯同學都沒來上課。A同學也好像刻意迴避這個話題，總是跟我眼神交錯。

就在我不停腦補恐怖情人案件的焦慮中，事隔幾週，我終於在心理測驗的課前，收到◯同學的回訊，以及一份「學分棄選申請書」。

◯同學的回訊內容大約是：「老師，我很喜歡上心理測驗，也謝謝你在課堂上帶給我的知識，不過我因爲一些個人因素，無法再到課了。麻煩你同意我棄修這門課，謝謝。也謝謝老師半學期以來的照顧。」

我眞的被重重一擊，怎麼會發生這種事?!◯同學被軟禁了嗎？被限制行動自由了嗎？還是……

懷著忐忑不安的心情走到教室。◯同學眞的又缺席了。魂不守舍地上完一堂課，中間休息時間，我忍不住喚了A同學過來，想問問○同學的狀況。

A同學早就讀出我的心思，她沒多說什麼，只說：「○同學要我跟你說謝謝，她很好，沒什麼問題。謝謝你關心她。也麻煩你幫她簽棄選單。老師你不要胡思亂想，他們沒事，不是你想像的那樣。」

我想像的那樣?!我想像的到底是怎樣?!是我多思多慮了嗎?!

但是A同學似乎不想多說，我也沒有任何方法找到○同學，就這樣，我印出了棄選同意書，簽上名，掃描好，回傳回去。

之後，我再也沒有來自○同學的任何直接訊息與聯繫。直到多年後，側面得知，○同學目前擁有一個和樂的家庭。我期待這個消息是眞的，也期待這個眞實可以長久地持續下去。

2-2

如果世界上有惡魔

鑽研犯罪防治領域的相關研究與實務多年，最常被人問起的一個問題就是：「戴老師，你覺得世界上有惡魔嗎？如果有惡魔的話，惡魔應該長得像什麼樣子？」

這是一個非常難以單純用「有或沒有」來回答的問題，而且就算是有，惡魔應該長得像什麼樣子？坦白說，我也不知道，或是應該這麼說吧，惡魔有一個固定的樣貌嗎？

撇開因爲戰爭、政治、宗教等大尺度衝突所造成的人類互殘事件，在犯罪防治領域中，有一種類型的犯罪加害人，可能會最接近大家想像中的「惡魔」形象。這種犯罪類型主要是加害者對被害者的身體、生命、健康所進行的攻擊傷害行爲，這種攻擊傷害行爲造成被害者強烈的傷害感受，甚至喪失生命，我們把這類型的犯罪稱爲「暴力犯罪」。

犯罪大魔王——惡魔的長相

根據犯罪學家布朗等人進行的分類，暴力犯罪可以粗分為傳統型暴力犯罪以及非傳統型暴力犯罪等兩大類。

傳統型暴力犯罪的主要舉例有：殺人、性侵害、傷害、強盜、恐嚇取財等等。非傳統型暴力犯罪的主要舉例有：企業暴力、政府暴力、專業領域暴力、恐怖組織等等。

而上述兩類暴力犯罪，又以傳統型暴力犯罪，對一般小市民的負面影響及衝擊最大、最深遠。

的確沒錯，我們對於犯罪加害人一直有各種不同的刻版印象稱呼，方便大家識別以及建立對於犯罪加害人的印象形成。

比方說：殺人魔、分屍狂、性侵狼、性騷狼師……

看到這些名詞，你一定會大聲的說：「對！這些人就是惡魔！把他們關起來，永遠不要放出來！」

的確！殺人、性侵、傷害、強盜，這些犯罪類型，樁樁件件都跟我們市井小民的生命安全息息相關，跟國家衝突、政黨惡鬥比較起來，這些直接傷害被害者的犯罪顯得更加恐怖。

但是我們如果從數字上來看，以法務部二〇二四年十一月公布的法務統計資訊網資料顯示，二〇二四年一月到十月累計的新入監受刑人罪名統計中，殺人罪為二六七人；傷害罪為一一三九人；妨害性自主罪為四九五人，以上三種被稱為惡魔的罪名，其新入監受刑人總數為一九〇一人。占同一累積時期的總新入監受刑人數二七三八四人的六．九％。這些造成社會極大震撼的犯罪類型，其實是一種極為少數的存在。

如果我們再把殺人、傷害、性侵害等三種犯罪類型分別拆開，然後詢問一般市民對上述三種犯罪的恐懼感受時，在性侵害犯罪上，會出現非常顯著的性別差異：女性比男性更擔心自己成為性侵害的被害者。

有非常多的研究，對於女性擔心自己成為性侵害被害者的焦慮現象，提出說明與解釋：

有的研究者從**性別差異**的角度說：因爲女性具有性侵害犯罪中的脆弱本質，天生體力上的弱點讓女性在性侵害犯罪中容易受害。

有的研究者從**文化觀點**說：因爲男尊女卑的傳統文化價值觀影響，讓女性被害也不敢求助。

有的研究者從**刑事司法**的觀點出發：因爲刑法妨害性自主罪的刑責多數都落在三年以上十年以下有期徒刑，會給被害者一種「這個惡魔關沒多久就會被放出來危害社會」的感受。

我想藉由與我有過會談之緣的妨害性自主案件的加害者，一起來了解所謂惡魔的長相。故事主角是一位因爲妨害性自主罪，被判刑收容在監獄中，五十出頭的謝老闆。

你可能聽過一個傳聞：在監獄裡，地位最低的就是妨害性自主罪名的收容人，這些收容人被其他收容人瞧不起，甚至還有可能被欺凌。這個傳言的產生，可能基於影視作品的描述，也有可能緣自大家對於監獄的刻板印象。

我們從實務面思考，監獄爲了管理以及囚情穩定的考量，收容的都是單一性別的收容人。許多研究及案例都指出，在單純只收容男性的監獄裡，「男性氣概」成爲一個被扭曲歌頌的硬漢特質，男性受刑人們會去比較自己犯行的「狠勁」、「威風」。相較之下，那些專找女性或是弱小被害者下手的性侵害收容人，就會被這些扭曲的男性氣概視爲「欺負弱小」、「不是男人」，然後受到其他收容人的排擠與歧視。

基於這樣的刻板印象，我與謝老闆的會談，當然就不能免俗地先關心他在獄中的生活了。

「謝同學，你好，我是戴老師，今天來跟你做個簡單的訪談。最近的生活狀況如何呀？還適應嗎？」用這種冷調卻帶點關懷的溫度開場，希望能快一點拉近距離。

「很好啊！我很適應啊！」讓我意外的是，謝老闆對於我的訪談並沒有表現出太多抗拒，表情也還算開朗，堆著一抹笑容，只是那笑容背後隱藏了些許的制式矯情，讓人覺得似乎有點隱情。

接下來的訪談，只要是問到監獄裡的生活適應，謝老闆總是很公式地回答：「很好啊！這邊的老師都對我很好。我很適應啊。」

好吧！我只好在「機構內生活適應狀況」這一欄位上註記：「當事人表示適應良好，會談中未主動提出問題。」但凡關於監所內的生活管理、人際關係等詢問，謝老闆總是機械化地回答，讓人感受不到他眞實的想法。

然後談到「對於自己犯罪行爲的體認與反省」這一項。

在與謝老闆會談之前，我已經看過他的相關紀錄，謝老闆犯下的是妨害性自主罪中的「強制性交罪」。強制性交罪這個罪名，你可能會覺得有點陌生，其規定在我國刑法第二二一條：

對於男女以強暴、脅迫、恐嚇、催眠術或其他違反其意願之方法而爲性交者，處三年以上十年以下有期徒刑。

以一般大家比較俗稱的說法：強暴罪、強姦罪，你可能會比較有熟悉感。強制性交罪在妨害性自主的相關罪刑中，屬於刑期較長的重罪，也是造成社會震撼及被害者傷害的嚴重犯罪類型。

說實話，當時坐在我對面的謝老闆，還眞是讓人感覺不出來具有什麼「強制性交加害人」的特殊長相或姿態。

中年大叔的脫罪狡辯

謝老闆理著短短的平頭，髮色略有灰白，身形與一般五十歲大叔無異，微微發福，但還不到癡胖，臉上掛著一副黑框眼鏡。坦白說，就是那種「走在路上都不會引起人防備戒心」的無害中年大叔。

「謝同學，我看過你的資料了，你這次是因爲強制性交進來的……」我翻著資料，正打算提問。

「這個我要澄清一下！」謝老闆忽然出聲打斷我的話。

跟剛剛溫良恭儉讓的表現完全不同，謝老闆聲音忽然大起來，還揮起了右手用力搖頭。

「這個吼，法官說我強暴她，我不服啦！」謝老闆一副冤案受害者的申冤表情。

「我就約她吃飯啊，她穿成那樣，明明就故意要勾引我！我是正常的男人耶！而且也是她主動的啊！故意在我面前脫衣服，然後說我強暴她，根本就是她自己想要……」謝老闆激動說著。

謝老闆有說錯嗎？其實沒有。只是他選擇說出整個案件中他想說的而已，或是他說出的只是他心中偏誤的想法。

其實整起案件的概要是：

被害者是一位經營健康食品營銷的直銷商人，與謝老闆有過商品買賣上的往來，謝老闆會不定期向被害者訂購商品，然後請被害者送到家裡。

謝老闆以「吃了這些產品身體變得更健康了，想要謝謝被害者的推薦」爲由，邀請被害者到謝老闆的工作室聚餐。

謝老闆是一位皮件製作師傅，平常在工作室裡創作及加工皮件製品，假日則會到各地市集擺攤販售。

那是六月初的初夏中午，謝老闆邀請被害者到工作室聚餐吃飯。

因爲之前的往來都非常順利，被害者也購買過謝老闆的手作皮件，知道工作室的位置，因此在接到邀請後欣然赴約。

然後也一步一步踏入謝老闆的圈套中。

被害者依約到了工作室，起先一切如常，謝老闆依舊熱情禮貌地向被害者說明自己的商品及近期的創作，相談甚歡。

等氣氛熱絡一些後，謝老闆端出了午餐招待。

火鍋！對，謝老闆端出了一鍋火鍋，而且還是麻油雞湯！

那是六月初的初夏中午，謝老闆竟然請吃麻油雞湯火鍋。

隨著卡式爐的加溫，麻油雞火鍋的香味充滿整間工作室，要不是有強力的冷氣吹送，整間工作室一定瞬間變成三溫暖烤箱。

謝老闆招呼被害者與自己對坐。掀開鍋蓋，香味撲鼻，謝老闆還不忘記再倒入一瓶米酒，說是增香！

就這樣，謝老闆與被害者開始享用美味的麻油雞火鍋。

就像所有的犯罪發生，一定有其貓膩之處。兩人開吃沒多久，工作室的冷氣停止運轉。謝老闆拿起遙控器不停調整，冷氣就是無法運作，他只好拿出強力的工業用風扇，試圖讓房間涼快些。但是風扇畢竟不是冷氣，很快地，吹來的不再是涼風，而是溫溫的熱風，加上酒精的催化，兩人吃得滿身大汗。

「我那天就是請她吃飯啊，我怎麼知道冷氣會壞掉?!我還有拿電風扇出來給她吹呀！我還怕她嫌太熱，風扇都調往她那邊耶！」

「啊，她自己吃得滿身大汗，自己把襯衫鈕釦都解開了啊！我看她胸口都是汗啊，就拿毛巾去幫她擦汗，啊，就這樣啊！」謝老闆振振有詞辯解著，但是那些啊、啊、啊的語助詞，讓人感覺根本就是在狡辯。

「而且啊，我幫她擦汗她也沒有說不要啊，在那邊揮手揮手，誰知道她要還是不要？啊，然後就這樣摸到……誰叫她身材那麼好？啊，摸起來又很舒服，我是正常的男人耶，有反應也很正常啦！我是看她漂亮啦，想說她也沒有反抗啊，啊就這樣啊！」

越聽越誇張！聽得我開始有點火冒三丈！

「同學，你要尊重別人呀！每個人的身體都要被尊重，本來就不可以隨便亂摸亂來的！」我難得頂嘴，對他說教。

「尊重？你跟我講尊重？我跟你講啦，根本就是那個查某看我不爽啦！之前我有給她退單，她送來的東西我吃了沒效，我就退單，她就不爽啦！好啦！我那天是有占她一點便宜啦，可是後來我有說要給她錢啊，是她自己不要；我也有說要借浴室給她洗澡啊，她也不要；後來她還假裝喝醉睡在我那邊啊，我覺得是假裝啦！那一點酒，我連臉都不會紅！」

「啊我怎麼知道她後來跑去告我？我覺得是她心機很重啦，明明自己穿那麼暴露來勾引我，然後又跑去告我，明明問題在她身上，我是卡衰啦，幹！威到歹東西……明明我就是被她陷害，法官根本不公平啦！」

「而且吼，啊我是第一次啊！法官就給我判那麼重！也不想想，我都有乖乖納稅，也沒有逃兵啊，我都有盡義務！就算我眞的是犯罪啦，判這麼久也太重了啦！我覺得法官根本亂判啦！」這眞的是我聽過最最狡辯的犯罪脫罪理由。

「我乖了那麼久，怎麼可以因爲一次的犯罪就判我那麼重？」

後續的會談內容越來越不堪，也讓我越聽越上火，還好會談已經快到結束時間，我趕快做個收尾：

「你剛剛說的，我都有記錄下來，你放心。如果在獄中生活受到不合法或不合理的對待，請依循正式管道向管理老師反映，自己也要誠懇反省，面對自己。」我真的不耐煩了，快速公式化回應，結束這次會談。

「謝謝啦！啊我在這邊都很好啦，謝謝關心啦！」很不可思議地，謝老闆又毫無時間差地換上那張笑容有點矯情的正經臉孔。

我自認已經能夠坦然面對很多的人性面向，但是謝老闆對自己犯罪行爲狡辯時的表情說詞，以及那些「啊、啊、啊」的發語詞，讓我在事隔多年的現在回想起來，還是充滿負面情緒，也讓我對謝老闆的矯正成效打上一個大大的問號。

2-3 如果那天我沒有跌倒

擔任犯罪防治系教授，讓我有許多機會接觸到與偏差行爲有關的案件與當事人，每一個當事人都有不一樣的面貌與思考模式，但是這一位同學卻是令我感到最惋惜也最震撼的。

那次我受邀參加一個與性別議題有關的偏差行爲案件案後輔導團隊，並擔任性別平權及相關法治教育講師。

當事人是一位成年男大生，我就稱他爲捷哥。

我與捷哥第一次打照面，是透過他就讀學校的輔導室個案會議中所呈現的投影片。捷哥留著台灣男大學生常見的髮型，兩側及後側理高，從頭頂把直髮往前梳，像一頂半罩式安全帽，就是一個隨處可見的男大生。微微圓潤的下頷線，給人一種溫和感。濃眉大眼，眼角微下垂，加上大頭照常見的嘴角上揚，從照片看到捷哥的第一印象，就是那種幾乎不會有記憶點的普男。

「○○捷，○學院○○學系四年級，爲本次性平事件當事人。」個案管理師用極爲平和的語調，說明捷哥的案件。

「當事人○○捷，涉嫌於民國○○○年○月○日下午十五點三十分，持女生宿舍門禁卡，侵入本校大學部女生宿舍○棟。侵入宿舍後，當事人涉嫌使用自有手機，自盥洗室下方門縫處偷拍被害者○○○同學淋浴。因當事人重心不穩跌倒，發出聲響驚動被害者，後由被害者通報校警，確定事發。校警經調閱女生宿舍監視器母帶後……」個案管理師幾乎是逐字照唸，避免加入太多私人情緒與判斷，以免影響案件處理委員。

這是我第一次參加這樣的會議，加上對於該校的地理位置完全不了解，對於個案管理師的說明還是充滿疑惑。

捷哥怎麼會那麼簡單地就擁有女生宿舍門禁卡？

爲什麼只靠宿舍監視器母帶就能確定捷哥的身分？

偷拍怎麼會重心不穩跌倒？

被害者怎麼確定自己被偷拍？

捷哥是初犯還是累犯？

種種疑問，我抬頭看一下，其他委員好像也頻繁地翻閱著手中的資料，想必大家也希望從書面資料中理清一些關於事件的頭緒。

果然，不等我們開口，接下來，個案管理師鉅細靡遺地用「示意圖」繪製一張一張的投影片，將整個偷拍事件具象化，讓我們有了清楚的輪廓。

「根據當事人說法，當事人手上的女生宿舍門禁卡爲其女友將自己的宿舍門禁正卡交予當事人後，經女友同意後複製附卡，本部分已違反本校宿舍管理規則第〇〇〇條。」

什麼?!捷哥有女朋友？而且女朋友還把自己的宿舍門禁卡交給捷哥，讓捷哥複製附卡？這事件的發展，已經先顚覆了我的第一觀。

「案發當日下午，當事人〇〇捷表示自己沒課，先至本校排球場看女排校隊練球，並以自身手機拍攝女排隊員練球的樣子。待女排隊練球結束後，即尾隨部分球員往女生宿舍方向移動。」個案管理師還附上非常詳細的學校地圖以及箭頭動畫。

從地圖以及動畫上的位置看來，捷哥應該就像是一個仰慕女排隊員的男大生，安靜坐在遠遠的看台上，拿手機拍照，並不會讓人感受到是偷拍或是什麼踰矩的行爲。至於從球場走到女生宿舍，就是一條人車混用的校內道路，只要不是太奇裝異服、鬼鬼祟祟，應該也不會讓人起疑。

「當事人於女生宿舍外公共座椅上觀察女生宿舍，當時爲課間，所以出現無人進出宿舍之空檔，管理人員亦剛好離席上廁所，當事人便趁此機會以女生宿舍門禁附卡，刷卡快速進入女生宿舍○棟。」看來學校的宿舍管理出現螺絲釘鬆掉的狀況。

「當事人於侵入女生宿舍後，由中央入口左轉，選擇距離盥洗室較近的左側階梯，逐層往上，並侵入被害者所在的三樓盥洗室，一樓監視器也拍下當事人之背影及正面影像，但當事人戴有帽沿較低之帽子，無法辨識長相。」

從個案管理師製作的投影片可以看出，該校女生宿舍的設計是大樓中間有樓梯，兩側也有樓梯，然後一字型的設計，一條中央走廊，兩邊相對的是宿舍房間的門，像極了監獄⋯⋯

透過監視器錄下的影像，捷哥侵入女生宿舍後，幾乎是頭也不回地左轉，看起來像回家一樣熟門熟路，讓人高度懷疑這可能不是他第一次犯案。

「雖然當事人戴著帽子無法確認長相，但是就其穿著的服裝特色，我們得以確定當事人的就讀科系。經由當事人的系導師確認，拍攝到的身影就是當事人無誤。」個案管理師的說明，又顚覆我第二觀了！

我正在狐疑，這間學校的校警怎麼這麼會辦案，這麼快速就能掌握當事人身分？原來是捷哥為了掩人耳目，刻意穿了自己系上的運動代表隊系服去排球隊蹲點，以爲這樣比較不會引起注意。捷哥的想法是正確的，穿著系上運動代表隊系服去運動場，是再自然不過了，但是他沒有想到，印在系服背後那大大的號碼及特殊的系簡稱，成爲他露餡的第一隻大馬腳。

笨呀！眞是太笨了！如果你常看犯罪推理劇就知道，換衣服是製造不在場證明或是犯罪斷點的重要方法，但是笨到穿系服去犯案，那眞的就是賊星該敗，自己憑實力被抓，怨不得別人了。

「當事人侵入三樓盥洗室後，將自己的手機調整爲自拍模式，用鞋帶綁在鞋面上，伸腿到盥洗室下方門縫偷拍。」這段我就眞的不懂了，腦中完全無法具象化那個偷拍的畫面。

個案管理師好像也看出委員們的疑惑，逕自表演起來。原來捷哥把自己的手機調整成自拍模式，設定拍攝秒數，將手機用鞋帶綁在左腳鞋面上，按下拍攝鍵，在設定的十秒內，以左腳向前伸，右腳慢慢下半蹲的姿勢，從門縫下方偷拍。

呃！我與委員們互看好幾眼，大家都露出不可思議的表情，這個動作也太高難度了吧！單腳彎身半蹲，根本是瑜珈的高級動作，非常需要穩固的腿部肌力及高度的平衡感，核心也太強了吧！

正當委員們面面相覷、瞠目結舌的之際，個案管理師繼續說道：

「可能因爲緊張或是地面濕滑，當事人在下蹲的過程中，重心不穩跌倒，手機順勢滑入淋浴間內，當事人伸手進去撿手機，被害人才發現自己被偷拍，然後前往學安組及校警處報案。不過我們的當事人在撿到手機以後就迅速循原路逃離女生宿舍，刷卡出女宿時，監視器有拍到兩位目擊者，應該有看到當事人，我們也聯絡她們確認當事人身分了。」

捷哥大膽的行徑，完全顛覆我的三觀！一般說來，犯罪人爲了確保自己的犯罪行爲能夠確實執行，往往會用最保險也最有效的犯罪手法。捷哥竟然用這種陽春到近乎原始的偷拍方式，然後還不思好好鍛鍊身體，搞到自己跌倒，實在是太誇張！太嫩了！

「校警及校安人員接到被害者報案後，馬上調閱監視器，透過當事人的服裝，前往他就讀的科系確定身分。經校安人員聯繫，當事人也很快就抵達學安組，但是他表示：是幫女友撿手機，否認自己的偷拍行爲。」

「我們也馬上聯絡當事人女友前來學安組，沒想到當事人女友也附和當事人的說法，還好後來我們撥打雙方的手機號碼，確定當事人的確使用自己的手機偷拍，幫女友撿手機只是藉口。」個案管理師接下來的說明，幾乎已經超越八點檔劇情，走入婆媽韓劇的套路了！

「後來我們檢查當事人手機，本次事件並沒有留下足以辨識被害者身分的照片，只有三張無法辨識的模糊照片，不管是角度還是對焦，都是模糊的。」

投影片上呈現了三張根本不知道是什麼東西的照片。好像鏡頭沾到水還是手震一片模糊，只有拍攝時間可以對上案發時間。

「雖然這次的偷拍事件無法確認照片，但是當事人手機裡的確有數張之前成功拍攝的清楚照片，只是因爲角度關係，都無法確定被害者身分，只能透過照片資訊確定拍攝地點不在本校。」個案管理師的說明回答了我的疑慮：捷哥果然不是初犯呀！

「以上就是本次事件的始末，相關的處分，本校已經依據……」個案管理師叨叨絮絮地念著學校的校規法條，我一點也聽不進去，只是翻閱著手上的資料，試圖讓自己釐清捷哥的想法及行爲模式。

「本校基於教育理念及保護學生的立場，除了相關罰則執行外，也希望藉助各位委員的專業，給予當事人○○捷同學，專業的性別平權教育，建立當事人的法治觀念、提升其性別平權及尊重意識，並降低他的再犯風險。並且希望透過完整的課程教育後，給予學生成長的機會，如果當事人完成所有課程，並評估通過，本校經啓動銷過機制，再檢討對學生的原罰。」原來這就是找我們這些委員來的目的。

這是非常重要的！從捷哥手機裡的紀錄來看，已經不是第一次偷拍，而是累犯。從校園端的教育角度出發，如何在校園內妥善的輔導並給予捷哥適當的處遇，降低捷哥的再犯風險，避免再有被害者出現，對於捷哥未來的社會適應也有絕對的幫助。

這時候，就是我們這些委員專家們發揮專才的地方了。從法治教育開始，性別平權、性別尊重、多元和諧、影像紀錄以及傳遞的相關規定……我們把能夠想像到的、能夠幫助捷哥建立正確性別意識的課程內容全部提出來腦力激盪，經過委員專家們集思廣益及坦誠溝通，在三個小時的會議時間內，組合出一套性別平權教育課程，期待捷哥在這組課程的教育與帶領下，能夠體認性別議題的重要。

會議解散後，我們交回所有資料，做好保密職責。我相信所有專家腦中應該都已經開始規劃屬於自己專業領域的性別平權教育教材。

這組課程設計的十二次面對面學習，地點在捷哥學校的輔導室。每次的課程由輔導室內的心理師及授課委員爲主要參加及記錄者，透過授課、討論、分享、案例介紹等等方法，希望能夠多面向、更貼近實務的將性別平權相關事件的規定及理念帶給捷哥。

我的課程被安排在最後一週，以犯罪防治角度出發之預防再犯。

上大班的課程，對我來說不是什麼稀奇，但是如何一對一授課，而且對方還是確定發生偏差行爲的當事人，這的確讓我花了一點心思準備課程。要提起他的反省之心、但是不能苛責；要讓他了解被害者的痛苦、但是不能延伸報復心，好多好多的細節，我都一一兼顧。

上課當天，我提早十分鐘到指定的晤談室，準備好手邊的資料，準備第一次與捷哥打照面。

當門打開，我沒有過度訝異。捷哥本人跟個案管理師提供的投影片上的照片，並沒有太大差別。中規中矩、毫不起眼，換句話說，就是走在校園裡隨便都可以看到的男大生。

「○○捷同學你好，我是中正大學犯罪防治系教授……」巴拉巴拉地，我開始自我介紹。

興許是最後一堂課程吧，感覺捷哥的神情輕鬆，微笑看著我，還跟我微微點頭致意：「謝謝老師，我是○○捷，同學都叫我捷哥，不是教育部短片『傑哥不要的傑哥』喔！我的捷是鄭捷的捷。」捷哥還會開自己名字的玩笑呢，看來心情不錯。

有了緩和氣氛的開始，也讓我對整堂課程的進行有了信心。在我精心準備的教材及寬嚴並濟的口才下，我看到捷哥時而認眞筆記、時而點頭示意，即使課堂時間是下午兩點到四點，也沒有打哈欠或是顯出倦容。

因爲氣氛很好，我跟負責觀察記錄的心理師時常相視而笑，看到捷哥的成長，這種感覺眞的很好，也讓我對於自己的教育成效產生很大的信心。

兩小時課程很快結束，心理師因爲還有下一個個案會談，所以準時離開會談室，離開前還不忘鼓勵捷哥。

我看了一下心理師的紀錄，跟我的相差不遠，我也在授課紀錄中寫下了較爲正面的評價，我眞的看到了捷哥在課堂上正面的參與及反省的發言。他甚至還能活用之前學習到的法律知識，分享對於港星陳冠希先生側錄案、李宗瑞先生側錄案等指標性犯罪案件的個人看法，而這些看法也可以充分看出這次性別平權教育的成效。當時的我眞的是用輕鬆又充滿光明的心情寫下評語，並且簽下大名，交給捷哥。

我簽好課程修課證明與評語後，裝入公文信封內封好，依舊不忘記提點他：「捷哥，你一定要把這次的課程當成借鏡，未來的人生一定要尊重其他人，也不能再出現類似的行爲喔！」

捷哥對我說：「老師，很謝謝你們團隊給我這個機會，我學到很多，也知道自己行爲造成的傷害，我有責任讓自己變好，雖然那位女同學不願意當面接受我的道歉，但是我還是要表達我的歉意。」

聽到捷哥這麼說，我眞的放心了。捷哥不但有反省悔過之心，還有關係修復的觀念，他眞的完全吸收並應用所有的專業課程。

我放心地將公文信封交給捷哥，捷哥收下後對我一鞠躬，轉身走到會談室門口，正打算開門離開。

忽然，捷哥停下腳步，用身體半撐著門，轉過身，給了我一個看似勝利炫耀的表情。

我忽然傻住，不知道他要做什麼。

捷哥像是變了個人似的，用略爲高昂輕佻的音調，對我說：

「老師！多謝你們的支持，不過我想過一件事情。」

什麼事情？我心中狐疑著。

「我們來假設一個狀況，當然這個狀況沒有發生啦！只是一個假設。如果……如果我那天沒有跌倒的話……學妹不知道她被拍，就不會覺得害怕，也不會搞到休學靜養；我拍到我要的照片；你們不用大費周章搞這些什麼性別教育課程，花這麼多時間；老師，你說，這是不是『三贏策略』?!」

說完，捷哥揮了揮手上的公文信封，推開門，轉身走出會談室。

天哪！捷哥最後這個回馬槍，一字一句都重重打在我的心上！他根本沒有反省啊！原來這一切都是演出來的啊！太震驚了！

等我回過神來，追出去，打算搶回公文信封。但是當我追出會談室時，已經看不到捷哥身影，正在辦公的幾位心理師及個案管理師，滿臉問號看著我問道：「戴老師，怎麼了？需要幫助嗎？」

「○○捷呢？剛剛參加性平課程那位同學，他去哪裡了？你們可以找到他嗎？」

輔導中心趕緊撥手機給捷哥，但是捷哥關機，一切石沉大海。

因為剛剛那些話，捷哥用只有我聽得清楚的音量講給我聽，就算我記得清清楚楚，也難以舉證捷哥曾經講過這段話，我想捷哥在其他老師眼裡一定是個充分反省、學習成長的認眞學生吧。

就這樣，我帶著近乎絕望的心情與一種被背叛、受騙的羞辱離開捷哥的學校。那天的夕陽很美，萬里無雲的天空，映襯著絕美的金黃。

有誰想到，夕陽無限好，黑暗將臨頭。捷哥最後那揮舞著公文信封的身影，讓我想起揚起黑暗羽翼的惡魔，令人不寒而慄。

2-4 人與人之間的犯罪

隨著人類生活型態的演進與改變，催生出法律的修訂與創設，犯罪也隨之有了更新的修正與界定。舉例來說：隨著金融或經濟制度變化而改變定義的商業犯罪；隨著政治體制變化而改變定義的政治犯罪。這些跟隨時代演進所帶來的法律變革，以及進一步延伸的犯罪樣態變化，代表著犯罪並不是一個一成不變的樣態。

但是也有一些犯罪類型，不管時代怎麼演變，其本質並不會發生根本變化，這些犯罪主要的發生情境與類型就屬於「人與人之間的犯罪」。

人與人之間的問題所引發的犯罪，是屬於最原始的犯罪類型。從最嚴重的危害生命安全的殺人、重傷害；到危害度較爲輕微的過失傷害、妨礙自由，相較於政治犯罪、經濟犯罪、組織犯罪而言，這些發生在每一個活生生的人與人之間的問題，帶給個人的衝擊及成爲犯罪被害者的恐懼，更是直接而震撼。

過往，這些被視爲恆久不變的犯罪行爲，近年來也隨著社會價値觀及法律制定的改變，開始出現定義上的變化。那就是與性別有關的犯罪行爲，簡言之，我們常稱之爲「性犯罪」。

此「狼」非彼「狼」

性犯罪最原始單純的定義是：未經雙方同意，違反自由意願的性行爲，及與其有關的犯罪行爲。

這樣的定義隨著人權觀念的進步及身體自主權意識的發展，在近年來有很大的改變，也催生出更爲完備的法律規定，例如：二〇二一年公布的跟蹤騷擾防制法；二〇二三年修訂的家庭暴力防治法；二〇二四年修訂的兒童及少年性剝削防制條例……等，都彰顯出政府對於與性別相關犯罪行爲防制之重視與積極作爲。

爲什麼性犯罪會引起一般市民的高度恐慌，同時啓動政府的高度重視呢？

接下來，我就從性犯罪的加害者開始，探討性犯罪的種種。

士林之狼、華岡之狼、輔大之狼……這些曾經在台灣治安史上，造成當地婦女人心惶惶終日不得安寧的稱號，「○○之狼」就是人們對於性犯罪者最常用的代稱以及刻板印象。

用「狼」這個名稱來統稱性犯罪者的形象，起因可以歸於「色狼」這個名詞。在教育部二〇二一年出版的國語辭典中，色狼所指的是：

「比喻對他人做出性騷擾或性侵犯的人。」

不過為什麼，狼，這個倒楣的生物會成為性犯罪加害者的刻板印象代名詞呢？有些說法是，因為狼與郎同音，某種程度將性犯罪加害者的性別限定為男性；有些說法是，狼群中擔任哨兵角色的狼，常會獨自堅守山頭發出狼嚎，以提醒狼群。而那種單一行動的感覺，與性犯罪者一般多以單人犯罪為主的形象有關。

這邊要先幫「狼」洗白一下。就算色狼在人類的名詞庫裡屬於極負面的犯罪名詞，但其實狼是非常愛家的小群體生活動物，通常由一對配偶與其子女組成小家庭；狼傾向於終生單一配偶制，不過在配偶過世的時候，狼也可以快速尋找新伴侶，組成新家庭。由這些生物特徵來看，不得不說，狼眞的是被誤會大了呀！

隨著法律定義的修訂與擴展，色狼的行爲樣態也日漸多樣化。從刑期最長的強制性交罪到發生可能性較高的性騷擾，甚至是幾乎無法發現加害者行蹤的網路私密影像下載，各式各樣的色狼行徑，已經成爲現在社會中引起恐慌及輿論怒火的主要來源。

因爲色狼的行徑如此多樣化，所以要鎖定色狼的長相，是一件不可能的事情。長相猥褻？行爲猥瑣？人面獸心？狼披羊皮？這些都在在說明用外型來界定或偵測狼蹤，完全是無稽之談。

強暴迷思

但是在犯罪心理學家抽絲剝繭的研究後發現，性犯罪加害者不論其犯罪行爲的輕重，其犯罪背後的心理狀態，都有著驚人的一致性與普遍性。

這種普遍存在於性犯罪加害者心中的心理狀態，是一種對於自己的性犯罪行爲、性犯罪被害者，以及性別形象等極端扭曲的認知狀態，在犯罪心理學專業上，我們稱之爲「強暴迷思」（rape myth）。

什麼是強暴迷思呢？其主要的內涵可以歸類爲以下七個方面：

一、**性慾求不滿**：男性比女性有更強烈且無法抑制的性欲望，所以強暴性侵害也是不得不的一種行爲。

二、**衝動行爲**：性侵害強暴是因爲一時的激情，所以不應該被過度苛責。

三、**女性的性挑逗**：因爲受女性的性魅力迷惑而犯下強暴，女性的性挑逗是犯行的原因之一。

四、**容忍暴力的性**：女性會透過男性粗暴的性表現而獲得性的滿足。

五、**女性的被強暴願望**：女性有意無意地追求自己被強暴的感覺。

六、**女性自己不注意**：那些服儀不整或是行爲輕佻的女性，自己製造了被害機會，所以被強暴也是自找的。

七、**捏造強暴**：在強暴事件中，很多女性會隱藏自己的過錯，故意捏造假訊息以嫁禍給男性。

讀到這裡，你一定覺得匪夷所思吧？怎麼會有這麼令人作嘔、憤怒的偏差思維呢？

從我訪談的案例：謝老闆，來看看這樣的迷思。謝老闆大熱天刻意關掉空調，還請被害者吃燥熱的麻油雞火鍋，在火鍋中另外加入一瓶米酒，這些非常刻意的操作，都指向一個明顯的設計：謝老闆不安好心。

但是就像謝老闆在訪談中一直強調的：

「那一次，我就約她吃飯啊，她穿成那樣，**明明就故意要勾引我！我是正常的男人**耶！而且也是**她主動**的啊！**故意在我面前脫衣服**，然後說我強暴她，**根本就是她自己想要**……」

「啊，她自己吃得滿身大汗，**自己把襯衫鈕釦都解開了**啊！我看她胸口都是汗啊，就拿毛巾去幫她擦汗，啊，就這樣啊！」

「而且啊，我幫她擦汗她也沒有說不要啊，在那邊揮手揮手，誰知道她要還是不要？啊，然後就這樣摸到……**誰叫她身材那麼好？**啊，摸起來又很舒服，我是**正常的男人耶**，**有反應也很正常**啦！我是**看她漂亮啦**，**想說她也沒有反抗**啊，啊就這樣啊！」

「啊我怎麼知道她後來跑去告我？**我覺得是她心機很重**啦，明明自己穿那麼暴露來勾引我，然後又跑去告我，**明明問題在她身上**，我是卡衰啦，幹！威到歹東西……明明我就是被她陷害啦，法官根本不公平啦！」

「我乖了那麼久，怎麼可以因爲一次的犯罪就判我那麼重？」

謝老闆的這番發言，完全展示了強暴迷思在他心中根深蒂固的程度。謝老闆完全不去思考自己行爲所帶來的傷害，一股腦地指責被害者，強調被害者的挑逗，然後主張自己只是性犯罪過程中的「被動配合者」。

爲什麼性犯罪加害者的心中，會普遍存在這種近乎惡魔般思維的強暴迷思呢？學者們根據自己的專業提出了不同角度的說法：

傳統性別角色刻板印象：傳統性別刻板角色強調男尊女卑的社會地位差異，或是男主外、女主內之類的家庭功能角色區分。這樣的刻板印象將男性塑造成強大的、有能的、有力的刻板印象。

生理力量的性別差異：單就生物性的基本功能來說，男性的確因爲豐富的肌肉量而擁有較強的力氣及爆發力，體型上也較女性高大，進一步形塑出男性在性行爲中的主導地位。

異性交往的人際挫折：亦有研究發現，強暴迷思的形成與加害者青春期的異性交往挫折有關。在某些案件中，這些加害者對於女性的輕蔑認知，來自於他們覺得自己曾經被女性拒絕，所以要報復女性。

色情影像描繪的推波助瀾：色情影像在不同國家有不同的定位與規範，但是總合來看，色情影像大多將女性描繪爲引誘乖巧男性的魔女、乖巧聽從指令的瞎妹、反應誇大風騷的蕩婦，這些錯誤的形象，讓喜好觀看此類影片的觀眾形成女性喜歡暴力性行爲的錯誤思維。

除了這些因素外，強暴迷思也容易成爲這些性侵害加害者彼此分享心情與精進犯罪技法的邪惡溫床。舉例來說，在網路上鬧得沸沸揚揚的「創意私房」或是韓國的「N號房」事件，就屬於這種偏差性嗜好同好者互相取暖、切磋的邪惡網路平台。

以韓國N號房爲例，韓國警方公布的N號房聊天紀錄中，對於被害女性的文字描述，其低級下流的猥褻程度，令人不忍卒睹。

這種從認知根底就極端偏差危險的強暴迷思，也讓性犯罪者成爲監所中的頭痛人物。如果將他們分散收容，他們的犯罪行爲會被其他收容人視爲「欺負女人的人渣爛貨」而容易發生欺凌事件；如果將他們集中收容，則又會醞釀出強暴迷思的交流平台，阻礙他們的更生賦歸。

而性犯罪的恐怖還不只於此。以中華民國刑法對於性侵害相關犯罪行爲的罰則來看：

刑法第二二一條：對於男女以強暴、脅迫、恐嚇、催眠術或其他違反其意願之方法而爲性交者，處三年以上十年以下有期徒刑。

刑法第二二二條規定：

犯前條（二二一條）之罪而有下列情形之一者，處七年以上有期徒刑：

一、二人以上共同犯之。

二、對未滿十四歲之男女犯之。

三、對精神、身體障礙或其他心智缺陷之人犯之。

四、以藥劑犯之。

五、對被害人施以凌虐。

六、利用駕駛供公眾或不特定人運輸之交通工具之機會犯之。

七、侵入住宅或有人居住之建築物、船艦或隱匿其內犯之。

八、攜帶兇器犯之。

九、對被害人爲照相、錄音、錄影或散布、播送該影像、聲音、電磁紀錄。

以上算是妨害性自主犯罪中刑期長的犯罪，也就是說，慢則十年，這些性侵害犯就會出獄，回到社會上，而監獄也喪失了對其強制執行矯正或是處遇的機會與權力。

你一定也會有這樣的疑問，十年？不夠吧？就算矯正與處遇是有效的，十年眞的夠嗎？

你的擔心不是沒有道理，既然強暴迷思不是一朝一夕養成的偏差認知，那有可能在短暫的監所收容期間內就獲得足夠的處理與矯正，徹底改變性犯罪加害人的思維嗎？的確，這眞的是一個値得擔憂的問題。

這是性犯罪加害者的一種行為模式特徵，這種模式令人細思極恐，那就是在自己的性犯罪行爲被察覺並被逮捕之前，其實已經有過多次的成功得手經驗，不管是猥褻、騷擾、偷拍、跟蹤，甚至是性侵，這些得手的經驗讓性犯罪加害者食髓知味，一次又一次地挑戰最低的極限，沒有最低，只有更低。而強暴迷思也在他們一次次的得手經驗中一再獲得應證：

我知道這樣可能會帶來麻煩，但是我從來沒有失手過，可見上天是站在我這邊的，我才是對的！

一次又一次的，強暴迷思不只生根發芽、成長茁壯，直至根深蒂固。

面對這麼嚴峻的偏差迷思，如何將這個迷思從加害者的心中斬草除根，讓加害人在出獄後不會再興起強暴迷思，就成為矯正犯罪行為的重要目標。

二〇二四年，政府針對性侵害加害人接受身心治療、輔導或教育的相關規定，制定了新的辦法成為法源依據，那就是「辦理性侵害犯罪防治法加害人強制治療作業辦法」。①

透過這項新的辦法，評估小組可以依據其專業對性侵害加害人的狀況予以評估後，提出施以強制治療或繼續施以強制治療，讓治療可以延續，以期待性侵害加害者能夠更全面、更完整也更具有持續性的治療效果，將他們再犯的風險降到最低。

壓垮被害者的那根稻草

性犯罪案件中還有另外一個時常被忽略，甚至背負著「不必要的毀謗罵名」的一方，那就是性犯罪被害者。

想先請問各位，你有沒有聽過父母在你外出時叮嚀你：

早點回家，晚上外面壞人多？

穿保守一點，穿那麼暴露小心被壞人盯上！

那些亂七八糟的場合不要去，小心成爲壞人眼中的肥羊！

以上三個問題，都回答「有」的讀者，應該會是女性居多。

其實這種看似溫馨叮嚀，其根底是源於對於女性在性犯罪中被害後的「責備被害者歸因」傾向。

責備被害者歸因？人家都被害了，還要責備她什麼？

沒錯！**責備被害者歸因是一種看似非常不合人情理，但是背後卻又隱含著無奈的自我保護歸因**。

在犯罪案件中，一般大眾往往都有一種錯覺：誰叫你去招惹人家？如果你不招惹他，他就不會來招惹你！

是呀！我在前書提過，因爲行車糾紛事件被瓦斯槍開槍的故事，就有幾位讀者寫 Email 跟我說：

「遇到這種事情，開走就好，幹嘛按喇叭啦！他們不理性，你躲開就好！」

其實我也知道，如果那天我沒有按喇叭，被開槍的事情就不會發生。但是對方的開車行爲的確造成我的驚嚇，我下意識地按喇叭，應該也是屬於可以被接受的反射行爲吧?!

在各色各樣的犯罪行爲中，我們發現，發生責備被害者歸因，最嚴重的就屬性犯罪了。

還記得在Me Too事件頻傳的時候，就有人對於在汽車上被騷擾的被害者提出質疑：「妳爲什麼不跳車就好？」也有人責備在加害者辦公室被騷擾的被害者：「辦公室是公開場合耶！你爲什麼不出聲呼叫求救？」甚至還有人對被害人說：「都事隔這麼久了，妳才提出來，根本就是想蹭熱度，想攀對方知名度，想紅？對不對？」

這些言論如同利劍一般，再一次割開被害人的傷口，其傷害可能更甚於性侵害事件本體。

爲什麼人們對於性犯罪被害人會有這麼霸凌視角的責備被害者歸因呢？

這是一種非常複雜的心理狀態。沒有一個人希望自己會深陷犯罪的漩渦，大家都極力避免自己變成犯罪被害人，努力尋找如何「明哲保身」的方法。但是在這個避免成爲被害人的認知過程中，人們會發現：犯罪加害者是不可理喻的、不可預期的、難以防範的。怎麼避免自己成爲犯罪被害人呢？那就是**加強自我防備**，也就是**「勿恃敵之不來、恃吾有以待之」**的觀念。

透過這種逐步強化的自我防備觀念，人們會對於自己的犯罪預防漸漸產生自信：「妳看！我就是做了這些事情，或是我就是不做那些事，所以可以安然生活，不受迫害。」

這種心態反過來思考就變成：「妳一定是沒有做好自我防備，或是妳就是讓自己掉進那個危險的情境，難怪妳會變成被害者……」的責備被害者歸因。

這種**責備被害者歸因**，**成爲壓垮犯罪被害者最重的那根稻草**，聽起來似乎是關心的提醒，每一句話都是對被害者的嚴厲責備、情緒勒索，讓被害者陷入自我苛責、究責的自我毀棄認知漩渦中。

性犯罪，與其他犯罪有著本質上的差異，也有根底上的相同。性犯罪除了對被害者的身體帶來傷害外，對於被害者的心理更是形成難以復原的貶低與自責，加上來自社會炎涼的責備被害者歸因，讓性犯罪成爲最接近人魔，也最接近人性極惡的重大犯罪。

---

①根據這項法律：

本法第三十六條之加害人依本法第三十一條第一項及第四項接受身心治療、輔導或教育，經本法第三十三條評估小組評估認有再犯之風險者，直轄市、縣（市）主管機關得檢具下列資料，送請檢察官依刑法第九十一條之一第一項第二款規定，向該案犯罪事實最後裁判之法院聲請裁定施以強制治療或繼續施以強制治療：

一、社區身心治療、輔導及教育評估報告。
二、整體性評估表。
三、身心治療、輔導或教育紀錄。
四、急性動態危險因子量表。
五、穩定動態危險因子量表。
六、社區身心治療、輔導或教育處遇成效評估報告。
七、再犯風險評估報告。
八、其他必要之相關資料。

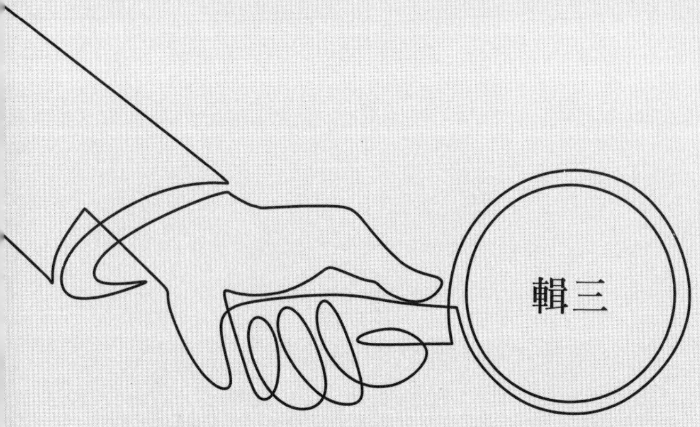

輯三

「我回來了！」如果人生可以重開機

3-1 香腸的奇幻冒險

不說你可能不知道，我所生活的城市，嘉義，有一座機場！是的，能夠讓飛機起降的機場！不過我們不太會用「嘉義機場」來稱呼，比較常聽到的是「水上機場」。

水上機場是一座軍民合用的機場，與其說是軍民合用，更適切的說法是中華民國空軍專用的機場，每天只有兩個班次的民用航空器起降，一班從嘉義水上來回澎湖馬公，一班從嘉義水上來回金門尚義。

二〇一九年五月某個星期四，我安排了金門的出差行程，到福建更生保護會以及金門監獄演講。福建？大家別忘了，我中華民國目前有效管轄的領土範圍，不是只有台灣喔！還有福建省！在編制內還有福建省主席，福建省政府喔！只是目前福建省剩下金門縣與連江縣兩個縣，是我中華民國有效治理範圍罷了。

下午起飛的行程，因爲一天就只有兩班飛機，加上機場跑道長度的限制，起降多爲中小型客機，整個登機流程完全不需要排隊。自助報到程序簡單明瞭，我花不到五分鐘就完成手續，安心地坐在機場大廳沙發區，滑手機殺時間，等待登機。

興許是中午在機場外面的麵攤吃太飽了，加上機場大廳裡眞的沒有什麼人，只有兩位航空公司的櫃台女性地勤，兩位協助登記及搬運托運行李的大哥，再來就是躲在航警辦公室裡的警察杯杯們，整個大廳呈現一片歲月靜好，我也忍不住打起盹來。

就在半夢半醒之間，「我要搭飛機！」（台語）的一聲大吼，讓整個水上機場大廳頓時充滿了異樣的緊張感。

我推了一下眼鏡，循聲往航空公司櫃台一看，似乎正上演著「奧客爲難地勤」的戲碼。

「我要搭飛機！我要去金門！我要去報到！」大聲公的來源是一位理著極短的平頭、穿著不入時的花格子襯衫和黑色長褲的中年男子。

再仔細一看，這個男子左手用半透明的粉紅色垃圾袋，裝著滿滿一袋東西，右手揮舞著一張紙，反覆向航空公司地勤小姐咆嘯著剛剛那句話：「我要搭飛機！我要去金門！我要去報到！」

地勤小姐在這種氣氛下，依然保持很好的脾氣與專業的應對：「先生，請問你買好機票了嗎？請出示你的證件，我幫你查一下。」

「買什麼機票啦！我只有這個啦！他們跟我說，拿這張來機場搭飛機啦！我要去金門報到，如果妳害我沒有報到，妳就栽系！」

看得出來這位平頭男與地勤小姐完全無法溝通。他那種咄咄逼人的氣勢以及不停揮舞的手勢，讓櫃檯後方兩位年輕地勤小姐有點不知所措，被嚇到一直往後退。

雖然不到英雄救美的氣勢，但是好奇心還是驅使我從沙發上起身，往航空公司櫃台走過去，想要一探究竟。

緣分始於熟悉的關防

平頭男還是激動地揮舞著手中那張紙，我不敢靠太近，直到他發現自己似乎引起騷動，才稍微降低音量，停止揮手，順勢把那張紙放在櫃檯上，我順著紙張方向望去，在紙張正下方，完全意料之外地看到了熟悉的三個字，而且是我熟悉的公文用藍色印泥，上面印著「莊○○」三個字。

這名字我非常非常非常熟悉，因爲太熟悉，所以強調三次！

他是一位典獄長，同時也曾經是我的學生。莊典獄長是我在犯罪防治教學與實務領域中，非常敬仰的一位犯罪防治前輩。莊典獄長對於犯罪防治新知的熱切吸收、監所矯正實務的嚴正管理、社會復歸的人性溫暖，都是我學習的榜樣。雖然我的身分是授課教授，但是每一次與莊典獄長討論或單純聊天，都能讓我感受到他滿滿的人文關懷與深厚的法理素養。

當時我心裡忽然閃過一個很跳 tone 的念頭，這個人怎麼會有壓著莊典獄長關防的文件？逃獄？劫獄？監獄風雲??

啊！我就是監獄警匪動作片看太多了，滿腦子胡思亂想。很快我就恢復理性。眼前這位平頭男應該是剛剛出獄的更生人吧？

我觀察了一下，確定這位可能是更生人的男子情緒比較穩定以後，鼓起勇氣湊了上去詢問：

「怎麼了？發生什麼事？」我還是不敢直接看向男子的方向，刻意避開他的視線，先詢問航空公司的地勤小姐。爲了安撫地勤小姐並證明我自己的身分，我還拿出了自己服務學校的職員證：「您好！我是中正大學犯罪防治系的教授，這是我的教職員證。」

「這位先生拿了這張紙，就說要搭飛機！我問他機票，他什麼都不知道，然後就就就……」地勤小姐驚魂未定，講話顫顫巍巍的。

「先生，你好，是什麼文件？不介意的話可以給我看一下嗎？」我看向平頭男，給了一個禮貌的眼神。

「就這張啊！」平頭男把公文挪給我。

公文只有一張，並不是什麼長文。第一眼看到的就是文頭：「法務部矯正署嘉義監獄」，以及壓在文末的莊典獄長關防。內文則寫著這位平頭男的大名以及爲什麼要搭飛機去金門的事由。我確定他是一位更生人，正要搭乘飛機到金門地檢署報到。

「先生，這是你本人的文件嗎？」我小聲地問道。

「嘿啊！嘿啊！我本人啦！我要搭飛機去金門，要去金門地檢署報到！」平頭男就是剛剛離開嘉義監獄的假釋更生人。

「那你有沒有買機票？搭飛機要有機票，還要有身分證明文件。」確定對方身分以後，我本著犯罪防治專業培育出來的同理與溫暖，希望進一步提供這位更生人朋友一些協助。

平頭男聽到機票、身分證明文件，似乎有點慌張，開始翻動他手上粉紅色垃圾袋中的行李，一陣翻找後，只拿出幾張皺皺的鈔票。

「我出來以前齁，有請裡面的老師幫我申請了一點補助啦！他說這些就夠用來搭飛機，可是我不知道怎麼買機票啊！怎麼那麼麻煩啦！」他抓著幾張皺皺的鈔票遞給我，眼神看起來已經沒有那麼肅殺，反而是一種少小離家老大回的陌生委屈感。

「同學，那你先到後面坐一下，我跟櫃台講講看好不好？」我用了「同學」這個名詞稱呼他，他眼睛一亮，好像遇到知音一般，很快就安靜下來。

爲什麼「同學」這個名詞有這麼大的魔力？因爲在監獄裡，監所的管理階層大多習慣以「同學」稱呼收容人，讓監所內多一些教育與學習氛圍，也比較能夠緩和監獄裡剛硬的氣息。

安撫好更生人同學，我向櫃台地勤再次說明了我的教職身分以取得對方信任，便希望地勤能夠以最大的方便，協助更生人同學在時限內到金門地檢署完成假釋報到程序。

兩位地勤小姐心情稍微平復，交頭接耳一番，打了幾通電話溝通請示，費了一點工夫以後，終於得到權限幫這位更生人同學完成購票及登機所有程序。

在地勤小姐辦理手續的空檔，我走到更生人同學身邊，隔著他的垃圾袋行李坐下來。

「同學，沒事了！她們在幫你處理，只是有一些手續要辦，等一下你要配合人家。」我叨叨絮絮地講著。

「先生，多謝！歹勢啦！我眞的不知道怎麼坐飛機啦！沒有你齁，我沒有坐到飛機，沒有辦法報到，我就死了啦！」平頭男搔著頭，誠懇地說著。

「喔喔喔！對了！我叫做○炎昌啦！你可以叫我香腸，也可以叫我『沿牆』（香腸的台語），在裡面齁，他們都這樣叫我啦！」

也許是搭飛機的麻煩事迎刃而解心情放鬆，香腸大哥對我完全卸下心防，台語夾雜國語，再加上一點比手畫腳，開始說起自己的故事。

香腸口沫橫飛地說著，我原本就不太流暢的台語跟不上他的語速，只能努力拼湊他的故事。

飛機上有殺人犯！

香腸，出身雲林，父親是一位總鋪師，從小跟著家人南來北往辦酒席，生活就在不停地奔波中流逝，讓香腸的童年幾乎是居無定所的飄泊狀態。

至於香腸怎麼走到今天的，我原本不好意思問，沒想到香腸看出了我的好奇，倒也阿莎力地說起自己入監的原因。

「我齁，國中就不喜歡上學了啦，跟著大哥過生活，日子也過得去。家裡也管不動我。」一個再平常不過的「誤入歧途」人生範例。

「二十四歲那年，我已經混得不錯了啦！啊，就一些事情喬不好啦，槍擊案啦！殺人！然後就關進去，啊，今天假釋出來！二十年了……」香腸的語氣幾乎沒有變化，我卻聽得下巴快掉下來！原來，香腸曾經是道上響叮噹的擁槍殺手呀！

「好啦！哇去瓦靠甲昏」（台語），終於呼吸到自由的空氣，連抽菸都可以自己決定，這一刻想必是香腸夢寐以求的吧。

趁著香腸到戶外抽菸的空檔，我趕緊到櫃檯詢問地勤小姐：「小姐妳好！不好意思，剛剛那位先生的登機程序完成了嗎？」

還等不及地勤開口，我竟然急著說出以下這些話：

「小姐，剛剛這位是嘉義監獄的更生人，可能會有一些危險，可不可以請妳安排看看有沒有航警可以隨機戒護？或是通報金門機場那邊做好準備！」雖然我是犯罪防治系教授，應該對更生人有一定的認識與同理，但是，經歷了剛剛險些爆發衝突的火爆場面，加上聽完香腸的自我介紹，我還是很不專業地腦補了一幕幕電影情節，持槍劫機?!機上狂暴打人?!我忽然有種想買個七億保險的衝動！

地勤小姐不停點頭，快速敲打著鍵盤，感覺一切都在我的建議及控制中。

香腸抽完菸就坐在大廳等候。我算了一下，二十四歲犯案，入監二十年，今年應該才四十四歲到四十五歲。然而極短的平頭、不合宜的老氣打扮，竟然讓我感覺香腸應該已經五十好幾。

地勤小姐辦好所有手續，香腸用他手中那幾張皺皺的鈔票結完款項，一切終於塵埃落定。完成了階段性任務，我刻意跟香腸保持距離，坐下來繼續滑手機，就像什麼都沒有發生過一樣，又是一片歲月靜好。我腦中也安心地認爲，等一下會有航警陪同搭乘飛往金門的班機，一切的一切都會在最安全、安穩的狀態下順利過關。

隨著安檢、登機一關一關進行，方才機場大廳的喧鬧恐懼已被我遠遠拋在腦後。我搭飛機喜歡坐窗邊，尤其是國內線，飛機高度不會很高，從嘉義飛金門的航線，幸運的話，還可以看到我的心靈故鄉：澎湖。窗外的好天氣，出差的好心情，助人的好行爲，讓我嘴角洋溢笑意。

就在我望著窗外地勤人員工作出神時，一股濃厚的煙味衝鼻而來，我抬頭一看，香腸先生！

枉費我剛剛對地勤小姐耳提面命，要安排航警戒護、要注意安全，香腸可能有危險……一大堆腦補的飛安勤前教育準備，竟然換來地勤小姐把香腸的座位劃在我旁邊！可能她們覺得「犯罪防治系教授」一定有辦法防治犯罪吧?!

這可尷尬了！我只好禮貌性地抬頭向香腸致意一下，假裝不在意地拿出已經開啓飛航模式的手機，漫無目的地滑著照片。

香腸坐我旁邊靠走道的位置，他身上刺鼻的菸味，嗆得我咳了幾聲。

「歹勢啦！哇甲昏，咖臭啦！」香腸用濃濃的草根味表達他的歉意。

我只能尷尬陪笑：「無代誌啦！我過敏啦！」然後繼續滑手機。

好不容易飛機起飛了。香腸像個好奇寶寶一般，一直往我座位靠過來。

「喔喔喔！飛起來了！飛起來了！」眞的像個小孩一樣。我也刻意往後靠，讓他可以多享受一點窗邊的景色。

窗外景色很快就變成一片白雲，視線被遮蔽，沒啥好看。忽然香腸好像發現新大陸一般，看向我的手機。

「教授，你這個東西就是手機喔?!」香腸的發問讓我更加疑惑。

「呃，對呀！這個就是手機……」在這個人手好幾機的二十一世紀，我還眞是不知道該怎麼向人介紹這個人人標配的科技產品呢。

「教授，不怕你笑我啦！我是有在電視上看過，可是我從來沒有摸過手機！眞的一摸手機，它就會動嗎？」香腸對我的手機充滿好奇。

「對呀，不然你碰碰看！」看香腸充滿好奇的表情，我也卸下心防把手機遞給他，順手讓他把玩。

「眞的耶！眞的耶！原來這個就是滑手機！」香腸不停滑著我的手機螢幕，生澀的操作，就像我拿到人生中第一支智慧型手機時一模一樣。

居然有現代人不會用手機？我狐疑著。但是仔細算算二十年的監禁生涯，監獄裡嚴禁收容人持有通訊工具。二十年前的世界，一九九九年，的確還沒有智慧型手機呀！那時候最流行的是Motorola、Nokia、Siemens，大大黑黑的一支，只有電話撥接和傳送短訊息功能，照相手機、智慧型手機、多音頻手機，統統都還沒有問世。

香腸因爲自己犯下的案件，與社會的連結就斷在一九九九年，那個還被稱爲二十世紀的年代。

香腸把玩我的手機一陣子，抓不到訣竅，加上不能連網也沒啥好玩的。他把手機還我以後，像個做錯事的小孩，頭低低的。

「老實說啦，我也沒想到還能活著走出監獄。申請假釋被打槍三次，早就不敢抱什麼希望了。其實在監獄裡面待久了，也習慣了。乖乖聽話，不要惹事，凡事退一步。反正監獄管吃管住，同學都是甘苦人，也沒什麼深仇大恨，日子呆呆地一天一天過……」香腸好像悟透了什麼道理一樣緩緩地說著，我也漸漸聽得入神。

「那你出來以後有什麼計畫或想法嗎？」我用比較具未來性的提問，希望緩和一下香腸低盪的心情。

「我都這把年紀了，還能怎麼辦？我國中都沒有念完，什麼都不會。年輕的時候還可以靠體力，現在不行了啦，聽說現在工作都要會電腦，我也不會；講英文，我也不會。大概就回去家裡幫忙做酒席啦……只是我老爸要不要我回去，我也不知道。他們也很久沒有來辦會客了。」沒想到我自以爲是的未來性話題，讓香腸更加黯然。

香腸頭低低的，我看到他眼角泛著淚，還深深吸了一口氣，重重的鼻音。

我不知道還能說什麼，輕輕拍拍他的肩膀。

沒過多久，機長廣播：「歡迎搭乘立榮航空班機由嘉義水上前往金門尚義機場，本班機將在十分鐘後開始降落……」這趟犯罪防治系教授與槍擊案更生人同機共乘的旅程，進入倒數計時。

史上第一位搭公務車報到的更生人

到了機場，我與香腸已經沒有什麼隔閡，兩個人像是初識的朋友般，說說笑笑往出口走去。

忽然間我手機響起，啊！是公務派車來接機了。這是身爲教授難得的恩寵福利，如果是與職務有關的公差，邀請單位一般都會派車或是安排接送。這次邀請我的是福建更生保護會，來接我的公務車則是其所屬上級的福建金門地方檢察署。

「金門地檢署？」我腦中忽然閃過，香腸在嘉義水上機場大廳，大聲嚷嚷要到金門地檢署報到的事情。

「香腸，你要怎麼去報到？」我隨口問問。

「啊栽！搭計程車啊！可是不知道錢夠不夠。」香腸又抓起頭皮來。

「這樣喔，我剛好出公差也是到金門地檢署，你就跟我一起搭公務車過去吧！」我提議。

「好呀！好呀！」想到可以免錢搭便車，香腸也欣然接受。

就這樣，我們一同搭上了金門地檢署的公務車，前往目的地。我去演講，香腸去報到。

坐在黑頭公務車裡，我笑笑地說：

「香腸兄，你應該是中華民國第一個由地檢署派車來機場接報到的更生人喔！」

「嘿啊！嘿啊！爽啦！多謝教授啦！」香腸雀躍不已，然後開始翻找裝在垃圾袋裡的行李，翻出一張皺皺的白紙與一枝筆，在顛簸行進中的車子裡，歪歪斜斜留下一串數字。

「教授，今天眞的很幸運啦！我一出來就遇到你！沒有你，我可能連飛機都坐不上去。感謝啦！這個是我爸爸的手機號碼，你跟他聯絡就可以找到我，還是你給我你的手機，我以後可以找你。」香腸很誠懇地把紙條遞給我。

禮尚往來，我也留了我的手機給他，然後叮囑他要好好過未來的日子。

很快地，公務車抵達金門地檢署。來迎接的承辦人員一如往常，恭敬上前開門，不過他沒想到這次從公務車裡先走出來的不是教授，而是更生人。

「歹勢啦！我是搭教授便車來報到的啦！借問一下我要怎麼報到？」香腸其實很聰明，已經懂得如何在一般社會中有禮貌的溝通。

「香腸！等一下，等一下！」我叫住他。

「有緣千里來相會啦！今天有緣，我們拍一張合照，紀念一下。」我想記住這次奇妙旅程的點點滴滴。

香腸搔搔頭，靦腆地站在我身邊。我身高明顯高出他半顆頭。快門按下，我的手機裡從此多了一張「犯罪防治系教授與更生人合影」的奇妙緣分照片。

在繁忙的教學研究生活中，我很快就把遇見香腸這件事收進潛意識的某個角落裡。

一週後，一通陌生電話打來。

「教授，是我啦！我是香腸，炎昌啦！我現在回到雲林了，跟我爸一起做酒席啦。我爸說很謝謝你啦，你要找時間來雲林，我們辦一桌請你！一言爲定喔！」手機那頭傳來香腸宏亮爽朗的聲音。

「一定！一定！」我熱情回應著。

到今天爲止，我一直都沒有赴約，手機也再也沒有顯示香腸的來電。我想這應該是我與香腸最好的接觸方式。

已經過五年了，我依然保持一個習慣，每天都會仔細翻閱社會新聞，看看香腸有沒有再次出現在社會版面。如果香腸再犯了？如果香腸又……還好，我從來沒有看到香腸的名字，至少到今天爲止。

3-2 跟媽媽一起賣麵的乖女兒

二〇二四年十月中落幕的第五十九屆電視金鐘獎頒獎典禮，演員柯震東以《不夠善良的我們》一劇勇奪電視電影迷你劇集最佳男配角獎。這原本是一件表演藝術上至高無上成就的鼓勵，卻在網路上引起正反兩極的炎上討論。

爲什麼演藝成就獲得金鐘獎肯定，會引起正反炎上討論呢？事情就不得不回溯到二〇一四年八月十八日，由中國公安部門招開的那場震撼兩岸三地的記者會。在記者會中，北京公安局宣稱破獲柯震東先生與另一位演藝人員，在當年八月十四日於北京某處涉嫌吸食及持有大麻。記者會後，柯震東的經紀人、父親等人相繼又招開記者會確定消息，同時向社會大眾道歉。

自此之後，短短的時間內，廠商代言換角、反毒大使撤換、所有影視作品下架，取而代之的只剩「劣跡藝人」、「毒蟲藝人」……對柯震東鋪天蓋地封殺，席捲整個娛樂圈。而在中國官方授意的道歉記者會上，大家一定對柯震東聲淚俱下、深自反省的發言記憶猶新吧。

許多人盛傳，柯震東完蛋了，日後將永遠不會再有影視作品了、沒人要看他了、吸毒就是爛掉了、沒救了。當時所有人都沒想到柯震東還能東山再起，還能獲得掌聲，甚至拿下大獎。

因爲柯震東吸毒耶!!

千錯萬錯都是吸毒犯的錯？

吸毒，是一組犯罪系列行爲中的總稱，在台灣，「吸毒」這個名詞代表的是違反毒品危害防制條例所規定的相關罰責事項，主要的規範行爲包括吸食毒品、持有毒品、製造毒品、販賣毒品、運輸毒品、轉讓毒品。

興許是鴉片戰爭以及東亞病夫這兩個名詞太深植人心，長久以來，台灣的毒品防制政策只有一個恆久不變的主軸「毒品零容忍」。吸毒是一件絕對不能被原諒的事情，一個人只要吸毒，就應該被零容忍、被永久區隔、被永久唾棄。

你會不會覺得很奇怪？明明我們應該零容忍的是毒品，爲什麼大家對吸毒的人也如此嚴苛呢？

這又是毒品犯罪的另一項容易引起誤解的特性。

不吸毒的人對於吸毒者的整體印象一定是：毒品擺在那邊，它又沒有來招惹你，是你自己把毒品吃進去、打進去身體裡的！吸毒的人就是咎由自取、毫無值得憐憫原諒之處！

不吸毒的人還會認爲：我就是乖乖過日子，自然不會有毒品上身，就算毒品來了，我也會拒絕。那些吸毒的人就是自己有問題，沒有毅力，無法面對毒品的誘惑……

是呀，毒品犯罪就是有這樣的刻板印象：吸毒的人一定是自己有什麼錯事在先，才會讓毒品進到自己的身體裡，所以染上毒癮，就是他個人的問題，不值得原諒，也不值得被重新認可。

接下來，讓我告訴你一個跟吸毒有關的眞實故事。

故事的主角是一位年約三十五歲的輕熟女收容人，有個如雷貫耳的小名：小葳，很可惜並不是多年前流行歌曲中鼎鼎大名的「小薇」。

這是小葳第三次收容（兩次前科紀錄，吸食海洛因），她因爲參加由我擔任督導老師的「科學實證毒品犯多元處遇計畫」，俗稱「戒毒班」，而成爲我在TC女子監獄的戒毒班學員之一。

這邊就要來講講「戒毒」是一個什麼樣的概念了。

先請問大家一個問題：你覺得什麼是戒毒成功？以下兩個個案，你覺得哪一個個案可以被稱爲是眞正的戒毒成功？

A：曾經接觸毒品而且成癮，因爲觸犯毒品危害防制條例入監服刑。出監後，從來沒有產生再使用毒品的念頭，也沒有再使用毒品，直到安然度過自己的餘生。

B：曾經接觸毒品而且成癮，因爲觸犯毒品危害防制條例入監服刑。出監後，還是偶爾會出現使用毒品的念頭，雖然用量沒有以前大，能夠慢慢地減少毒品用量，但還是會很少量地使用，與毒品的距離越來越遠。也因爲如此，所以B再也沒有因爲毒品進出監獄。

你覺得哪一個個案才是眞正的戒毒成功者呢？

你一定覺得這還用問嗎？當然是個案A呀！要戒就戒得痛快徹底，有毅力、有擔當，說不吸毒就不能再吸毒，哪有後續那麼多偷偷摸摸的藉口。就算僥倖沒有被檢舉或是逮捕，再吸毒就是再犯，沒被抓到只是幸運，不代表戒毒成功！

的確如此，毒品零容忍這個概念，長年被不正確傳遞的前提下，我們往往對「戒毒」這件事，有著過度崇高的行爲標準：既然要戒毒，就是一輩子不能再碰毒，不能再跟毒品有任何牽連，否則即使沒被抓到，也是失敗的戒毒者。

其實隨著科學實證的研究，學理上已經逐漸認爲，吸毒是一種大腦的疾病，簡單來說就是成癮症。大腦被這些違法藥物綁架了、成癮了。既然是一種大腦疾病，就不能用藥到病除這種觀念來處理，而必須要有多方面的支援與協助，才能讓曾經吸毒成癮的朋友，眞正做到生涯離毒的目標。

這些支援與協助，有很大一部分來自於戒毒者身邊的親密人際關係與社會支持，因此，如何協助戒毒者與沒有吸毒的親密人際關係，進行良好互動並獲得足夠的社會支持，就成爲科學實證毒品犯多元處遇計畫中重要的一環。

所謂的科學實證毒品犯多元處遇計畫，是一個長期的戒毒班隊，透過對毒品的認識、身體傷害復原、心理功能重建、法律責任了解、人際技巧增進等，對參加戒毒班的收容人進行客製化的縝密教育與諮商，以期強化並增進他們對自己離開監獄後能夠終生離毒的信心與技巧。

現實就是，收容人出獄後無力面對現實

多年的上課經驗告訴我，幫這些收容在監獄中的毒品犯同學上課，他們最感興趣的除了自身的法律責任與刑期縮減外，就屬出監後的生涯規劃了。

故事就是發生在出監生活規劃的課堂上。

那天，我安排了生活計畫發表會，請每一位參加戒毒班的同學，都能夠在其他同學面前聊聊自己出監以後的生涯規劃與目標。

講到出監，整間教室頓時鬧哄哄的。大家興高采烈地討論起自己的未來。

我稍微整理了一下，年紀輕一點的收容人同學，喜歡現下流行與美容有關的個人工作室。三十歲以下的同學，大多想要申請創業貸款，租個小店面擔任美甲師，或是一些簡單的眉毛、睫毛護理等與容貌相關的工作。

年紀長一點的收容人，尤其那些有未成年小孩的同學，大部分都會選擇回歸家庭，多陪陪小孩，彌補自己在小孩成長過程中缺席的遺憾。另外還有一些同學則說，會活用在監獄裡參加職業訓練學習到的技能，加入長照機構擔任照服員，希望出獄後能有穩定的工作。

你也許會狐疑，如果早就乖乖地往這種生活方式規劃，怎麼還會把自己弄到吸毒、犯罪、入獄這步田地呢？尤其這些來戒毒班上課的同學，每一位都是經由縝密的測驗與評估後，確定她們出獄後再度吸食毒品的風險性極高，而且也是監獄常客的多次累犯，當她們說出這些冠冕堂皇的生涯規劃時，其實可信度往往不高，只是為了提升她們的自信與動機。大部分場合，我不願意，也不太會公開戳破這粉紅色的幻想泡泡，只能希望終有一天這些合法守矩的人生眞的會成為她們的日常。

終於輪到小葳。小葳在班上不是特別引人注意的同學。微胖的身材，像男生一般的短髮，加上海洛因成癮帶來的身心傷害，小葳顯得比實際年齡老上十來歲。一直以來，小葳都坐在我的右手邊那區，倒數第二排最邊邊的位置。

就算是討論生涯發展規劃，其他同學都交頭接耳或是高談闊論時，小葳一樣安安靜靜的，最多就是托著腮發呆，或是趴在桌上睡覺。

「二二二八！二二二八！〇〇葳同學，換妳囉！」我提高音量提醒一下感覺像在發呆的小葳。

「喔喔喔！」小葳很快就有回應，起身準備上台分享。

「老師，各位同學大家好，我是二二二八，二工。我這次出獄以後，會回家。我們家在萬華，我媽媽有一個麵攤。這次回家會去幫媽媽賣麵。媽媽年紀大了，我要回去幫她。這就是我出獄以後的計畫。」小葳向台下一鞠躬，轉身想走回座位。

這原本是最平常也最正常的回應，不太會引起太多的討論與漣漪。但是因爲課堂還有一大段時間，加上其他人熱熱鬧鬧地聊著，小葳又是最後一個分享的同學，所以我便叫住小葳，希望她可以多聊一些，畢竟平常大多數課堂上，小葳幾乎是不發一語的。

我拉了一把折疊椅示意她坐下，隔著一張桌子，我們面對面聊聊。

小葳並沒有表現出什麼緊張的樣態，但是也沒什麼主動性，就是呆呆地坐在我面前，雙手交握放在桌上。她已經是第三次入監，換句話說就是老鳥，小葳也知道我對她的假釋申請不會有任何意料之外的幫助，當然也不會成爲她假釋申請上意料之外的阻礙。

我翻了一下她的資料，家裡的確只剩下媽媽一個人，父親在她出生不久後就與媽媽離婚，資料上寫著無聯繫。小葳是三姊妹中的小妹。兩個姊姊都已出嫁，各自擁有家庭。小葳從高中就開始接觸菸酒等，這些可以合法販售，但是對她而言，抽菸喝酒卻是違反校規及少年事件處理法規定的偏差行爲。從這些資料推估，小葳的青春時代應該也不是循規蹈矩的乖學生，菸酒的接觸，想必讓她成爲當時學校的頭痛人物。

小葳自述的一次吸食違法藥物（毒品）是高中畢業以後，在KTV打工時，跟朋友一起拉K，第一次就迷上K他命帶來的那種解離感受，好像靈魂出竅一般地自由。隨著藥物用量的增加以及同伴的引薦，沒多久就染上海洛因，人生就此踏上吸毒戒毒、出獄再入獄的惡性循環。

「妳剛剛說妳要回去幫媽媽賣麵？妳媽媽的手藝一定很好喔！」我試圖用小葳媽媽的味道拉進彼此的距離。

「還可以啦！就是餬口飯吃啦！」一樣簡單的回應，看不出她對於媽媽的手藝有什麼留戀。

「媽媽的拿手料理是什麼呢？有什麼是妳推薦的？等老師有機會去萬華可以過去吃啊！」我再挖一些話題開聊，避免尷尬。

「嗯嗯嗯，都可以啦！就一般麵攤，還有一些黑白切啦……」小葳的回應還是沒什麼溫度。

看來這招行不通。我故意翻一下資料，假裝發現什麼新大陸。

「這次是妳第三次進來了，之前兩次被關，沒有給你什麼不一樣的想法或規劃嗎？」我追問著。

「我學歷不高，也沒有專長，之前出去，也是只能回家幫忙賣麵啊，不然我還能做什麼？」小葳沒好氣地小聲說著。

我心裡狐疑起來，「那妳這次還要回去賣麵？這樣不就等於第三次的重蹈覆轍近在眼前？」

還好我沒有脫口而出這句傷人的話。

我換個問法：「妳媽媽一定很期待妳回去幫她賣麵，對吧？」

「當然啊！我關到這邊五年了，媽媽每次來會客都說等我回去一起賣麵，有我在旁邊幫忙，她也比較輕鬆，而且比較放心！」小葳的回應終於有了一些溫度。

她叨叨絮絮地說著：「老師，你放心啦，我媽媽老了，我要回去幫她賣麵，當她的乖女兒，彌補這幾年不能孝順她的遺憾。」很政治正確也很假釋正確的發言，我沒什麼在意。同時快速瀏覽一下小葳的會客紀錄，很殘酷的是，小葳已經很久沒有家人來辦理會客了，包括她的媽媽。

小葳說謊了。

我看著坐在面前的小葳，有點生氣也有點氣餒。如果小葳在面對助人者的時候都選擇說謊，那我實在無法想像她未來的更生前景會有多光明。

如果我那時直接戳破謊言，她一定會無地自容，甚至退出戒毒班。我花了一眨眼的工夫，整理了自己的心情，以眞摯的演技回應。

「那這次回去，妳要多陪陪媽媽喔！記得老師要去吃麵喔！」我有點刻意地把會客紀錄那一頁資料攤開在小葳面前，我相信她看到了。

「嗯嗯！那我回去了。」我確定她知道我看穿了她的謊言，也知道我選擇幫她留了一些顏面，她低著頭起身離開。

其他收容人同學的歡談聲把我拉回現實。**但現實就是，這群即將步出監獄的收容人同學，她們根本無法也沒有能力面對現實！**

世界之大，卻無容身之處

課程結束，我有一點點無力，油門也催不上去。就這樣在高速公路上以最低速限往回程開著。然後隨著其他事情的排山倒海，我很快就忘記這次戒毒班課程的事，以及拆穿收容人謊言的失望。

課程結束過了十來天，某天一大早，我收到一封轉自TC女子監獄的信。是小葳寫給我的。洋洋灑灑三大張信紙。

小葳來信的主要大意是，謝謝我在戒毒班那天沒有拆穿她，然後她跟我道歉說她說謊了，其實她的媽媽根本不希望她回家，媽媽早就放棄小葳了。小葳選擇回家唯一的原因是，她只有這個住址能寫給監所。世界這麼大，沒有一個地方可以收留她。

至於事情為什麼會演變成這樣。小葳這麼說：

「我第一次出獄的時候，眞的回家幫忙煮麵，那時候媽媽也很高興，我也沒有再跟那些吸毒的朋友見面。剛開始幾天都很順利，我覺得這樣的生活眞的很好，媽媽也很開心。我們一起上菜市場買菜、備料、煮麵、切菜，生意做得很順利。」

「但是大約過了兩三個禮拜吧，有一天媽媽叫我改到內場去洗碗就好，不要再到廚房幫忙。我那時候覺得很奇怪，為什麼媽媽忽然變得有點冷漠，原本高高興興地，竟然把我趕到後場。我一直問媽媽，她都不說原因。我就火大直接嗆她。媽媽好像被我嚇到，一直哭一直哭。那天後來連生意都做不成了。」

「等媽媽心情平靜一點，才跟我說：因為我以前吸毒的時候常會大吼大叫騷擾鄰居，鄰居都很怕我。雖然媽媽知道我在監獄裡面改變很多，都沒有再吸毒了，但是鄰居看到我還是會怕！而且還有鄰居跟媽媽說，以後不到我們家吃麵了，因為他們怕我會偷偷把毒品摻在麵裡面給客人吃，故意讓客人中毒，害他們成癮，以後可以賣毒品給他們……」

「這些人眞的很王八蛋！因為這樣，我覺得不能再害媽媽，所以沒多久我又翹家了。然後就像你看到的，第二次、第三次。其實到第三次，媽媽已經不來看我了。連母親節會客她都不來，也是啦，像我這種女兒，不要也罷。」

信件最後，小葳再次跟我道歉。

「戴老師，對不起，我不是故意要對你說謊，只是我不知道我還能做什麼。所以我每天都要騙我自己，我會戒毒成功，我是媽媽的乖女兒，媽媽一直在等我回去一起賣麵，媽媽喜歡我黏著她！戴老師，我眞的不是故意騙你，因爲我連自己都要騙，不然，我怎麼活下去……」

這封信重重地捶打在我的心上。我癱坐在辦公室發呆，久久不能回神。

小葳的人生，是她自己的問題，還是社會塑造出來的問題？我一時之間眞的無法解答了。

3-3 爲什麼你不相信我？

那是一個再兩個月就要過農曆年、接近二〇一六年底的星期五午後。

對台灣犯罪防治學界來說，每年年底都是舉辦學術研討會的熱門時段，各大學、各學會、各機構都會卯足全力動員，讓犯罪防治相關研究與討論有機會落實在政策實務層面，也帶來更多交流與學習機會。

一般說來，研討會除了安排專業學術性的論文報告及演講外，還會在會餘時間安排犯罪防治機構參訪，讓鎮日於象牙塔中埋首研究的學者，有機會親眼看到「犯罪防治現場」。

那一年我被分派到的參訪地點是位於台灣中部，由衛生福利部草屯療養院附設的成癮者治療性社區：茄荖山莊。

茄荖山莊在成癮治療業界是聲名遠播的治療機構，但是對一般大眾來說，卻披著一層非常陌生的神秘面紗。

茄荖山莊

【成立背景】

茄荖山莊的設立，其緣由是根據美國國家藥物濫用研究所（National Institution of Drug Abuse, NIDA）於一九九七年分析各種藥癮治療方案後發現：門診戒毒治療、短期住院治療、長期居住性復健治療（治療性社區）與替代療法等四種方法均為有效的藥癮治療模式。

因此在二〇〇六年，隨著台灣戒毒醫療政策的改變，行政院衛生署（現改制為衛生福利部）與法務部展開跨部會合作，積極評估藥癮治療性社區在台灣施行的可能性。最後由當年的署立草屯療養院（現改制為衛生福利部草屯療養院）之藥癮治療專業獲得衛生署（現改制為衛生福利部）的肯定，承辦台灣第一個在醫療體系下設置藥癮治療性社區的計畫。於二〇〇六年年底，完成各項硬體修繕與人員籌備後正式成立，並命名為「茄荖山莊」。

【治療哲學與方法】

茄荖山莊身為藥癮治療性社區，主要治療目標強調完全戒除的觀念，它的治療哲學在於進行「全人的改變」。

「戒毒的工作並非僅止於讓個案停止吸毒；而是使個案具備技巧及能力，得以處理生活上所遭遇之各種問題，並恢復正常的生活型態，唯有如此，才能達到完全戒毒的目標。」

所以茄荖山莊是一個不使用藥物去治療藥癮問題的長期居住性機構；治療的工具就是「社區」，「在社區生活」就是治療的方法。

住在茄荖山莊的居民（成癮者）透過各色各樣的互動方式，去影響並改變自己與物質使用（成癮）有關的態度、感知與行為。藉由社區安排的各種團體活動及同儕影響，增進居民的戒毒動機，發展出個人自我覺察、問題處理、人際互動及自我管理……等技能，最終讓戒毒者由內而外發生改變，協助他們維持終生不用毒的生活。

【治療特色】

基於上述的治療哲學與方法，茄荖山莊有以下的治療特色：

1. 以非藥物治療為主。
2. 收治對象包括：海洛因、安非他命、K他命、酒精等物質成癮者。
3. 依個案不同的需求，提供個別化與連續性的復健服務，包括：生理、心理、職能及社會復健的服務。
4. 以預防復發為治療目標，強調戒癮者生活的平衡、認知的重建與社會適應技巧的學習，促使他們能維持長期的戒毒生活。

戒癮成功，是條漫漫長路

我因爲各項犯罪防治業務及藥物濫用防治議題的交流，加上茄萣山莊位在南投草屯，地理位置離嘉義也不遠，所以對茄萣山莊並不陌生。熟門熟路地將車停在茄萣山莊門口的停車場，領著一起參訪的學生與其他專家學者往茄萣山莊走去。

大門打開，迎面而來的是一股非常奇特且有點嗆鼻的中藥味。我當時心中一陣狐疑，以爲是茄萣山莊發明了什麼新創的中藥戒毒方法，這味道也讓幾位學生嗆得微咳或是打起噴嚏。

「各位老師、各位同學，我跟大家介紹一下，今天我們的社區居民在學習製作年菜，今年我們準備的是客家醃製鹹豬肉，你們現在聞到的味道就是大蒜、香料的味道，很香吧！」帶我們參訪茄萣山莊的醫師眉飛色舞地介紹著，然後引我們走向大廚房。

越接近廚房味道越嗆鼻，我也不得不拿出手帕擋一下。

透過半掩的窗戶，我們看到大廚房裡有將近十位左右的住民（接受戒癮治療的成癮者），全副武裝（護目鏡、手套、口罩、髮罩、圍裙），正在製作客家醃製鹹豬肉。雖然他們幾乎包得密不透風，但還是可以看出那些住民都是年輕小夥子。畢竟光是幫那些切成大塊大塊的豬五花肉抹上大蒜及香料，還要整齊地掛在高架子上，然後再一桿一桿放到固定的風乾位置，沒有一點體力還眞是做不來。

「各位同學，今天有外賓來參訪，我們跟他們打個招呼呀！」基於安全理由，參訪人員不能隨便進去廚房料理工作區。醫師拿著大聲公往廚房呼喊起來。這十來位認眞製作鹹豬肉的年輕人，暫時放下手邊的工作，向我們這邊看過來，其中還有幾位揮手打招呼致意。我身爲帶領其他專家及同學參訪的代表，也走向前揮手致意。

因爲醃製鹹豬肉的氣味實在太嗆了，有不少專家及學生被嗆得不舒服，所以我們趕快轉移陣地，走向戶外，去茄荖山莊的實習農場透透氣。

實習農場其實就是一塊緊鄰著茄荖山莊的農地，與一般農地無異，偌大的農場上種滿了應時蔬菜，生意盎然。農場裡也有其他住民在忙著收穫、翻土、澆水，就是一幅恬靜的田園景色。

不過從醃鹹豬肉到農場收穫，我心中忽然有個疑問：「如果只是單純給這些戒癮的社區住民吃，這麼多的農穫及鹹豬肉應該是吃不完吧？」

醫師似乎也看出我的困惑：「我們這邊的鹹豬肉跟蔬菜水果，除了給社區住民吃之外，還輔導他們學習販賣，從定價開始，到賺錢爲止，讓這些住民有機會學習到更多社會功能。我們希望透過這些社會行爲，增加社區住民跟社會的互動，希望社會更接納這些努力戒毒的住民們，不要怕他們，也不要排擠他們。」醫師緩緩地說著。

的確沒錯，我看過太多案例。在監獄或是矯正機構中，心理師、教誨師、社工師，大家都努力協助收容人建立自信，因應未來出監後的社會適應壓力；但諷刺的是，社會上的一般人，好像還沒準備好接納更生人。尤其是曾經有吸毒前科的更生人，更是被視爲洪水猛獸一般，避之唯恐不及。

根據實證研究調查顯示，針對不同類型的犯罪人，人們會有截然不同的既定刻板印象。舉例來說：殺人犯是衝動的、暴力的、孔武有力的；性侵犯是色瞇瞇的、感覺噁心的、欲求不滿的。那麼對毒品犯的印象呢？

人們對毒品犯（單純吸食）有一個很深刻的既定印象：缺乏自制力、吸毒吸到精神錯亂、因爲吸毒所以看起來很萎靡、因爲吸毒所以會攻擊他人……然後歸根究柢會覺得這些毒品犯是「咎由自取」！誰叫他自己要吸毒！加上媒體的報導、政府各階段政策的宣導重點差異，都進一步強化了一般人對於毒品犯的負面印象及抗拒態度。

「戒癮成功，眞的是一條漫漫長路呀！不只吸毒者自己，也要社會的改變。」這是我跟醫師的心有靈犀一點通呀。

參訪行程意外「認親」

我在農場上晃了半小時，手無縛雞之力的我待在那邊，只是徒增他人困擾，索性就走回山莊。剛剛醃製鹹豬肉的廚房小組成員已經完成工作，大家圍坐在廚房外的矮凳上。

「大家好，你們剛剛醃的那個豬肉很香啊！」我找點話題跟他們攀談。這些年輕的社區住民也不太怕生，紛紛圍過來跟我一搭一唱地聊著。

但是就在一片和諧的氣氛中，我眼角卻看到一個略顯抗拒的身影，不但沒有往我這邊圍靠過來，還刻意撇開視線，看著牆壁。

等話題到一個段落，還有一個小時的參訪時間，我就走過去那位刻意迴避視線的住民身邊，想跟他進一步聊聊。

「難道是被其他住民刻意排擠嗎？」我心裡這樣想。

我走到他的座位前，正準備拉張椅子坐下，他忽然用雙手遮住自己的臉，感覺很不想被我看到。

「同學，怎麼啦？」我還是選擇坐下，氣氛有一點點尷尬。

「打個招呼呀！戴教授人很好的。」醫師也走過來，拍拍他的肩膀，給他一些社交互動的勇氣。

「不要啦！不要啦！」這位住民空出一隻手揮舞著說。

我終於有機會看到他的側臉，忽然間有一種非常非常熟悉的感覺，腦海裡像是出現通訊錄跑馬燈一樣，我直覺：「這位住民，我一定見過！」我露出驚訝的表情。

「你！你！你是？」我一直在搜尋大腦裡的記憶庫，明明那麼熟悉，但總是無法順利提取關於這位住民的線索。

「你走開啦！我不認識你啦！」他空出雙手，撐起身子想要離開，也因爲這樣，我看清楚他的長相。

「啊！你是那個黃○○？」我終於在大腦記憶資料庫中尋得關於這張臉的訊息。我正確叫出他的名字，以下我就稱他小黃。

沒錯！這位住民就是我上一本書中提過，十二位春暉少年的其中一位！

小黃在十二位春暉少年中，讓我最印象深刻。跟其他少年相比，小黃的毒品吸食種類最單純（只有K他命），家庭功能也相對健全（雖然是單親，但是父代母職，盡力給予小孩照顧與監督），除此之外，小黃的學業成績不算太差，在十二位春暉少年中，算是比較不讓人擔心、可以順利畢業的那群。

我記得最清楚的是，小黃是第一位親口邀請我參加他國中畢業典禮的春暉少年。

在春暉專業結束後，我與小黃依然有line的互動與聯繫，他也透過line邀請我參加他的畢業典禮。記得我當天還特地買了一束用畢業小熊紮成的花束，去參加他的國中畢業典禮。

到了典禮會場，小黃就像看到老朋友一般，給了我一個大擁抱。我還記得他跟我借了西裝外套，穿著我那略顯寬大的西裝，像個小大人般逢人就炫耀：「這我麻吉借我穿的喔！教授喔！沒看過吼！林北認識教授喔！」那天我好像是他的炫耀工具般被到處顯擺。

畢業典禮結束後，我見到小黃的父親。他身上的香菸檳榔氣味，微微透出江湖氣息。黃爸爸對我點個頭笑笑地說：「你就是那個戴教授喔！我們這個很謝謝你喔！他還把你頒給他的那張大學畢業證書貼在客廳牆壁上，就秋條耶！」對了，春暉專案結束時我幫他們辦了場畢業典禮。

小黃跟爸爸之間的互動也不錯，除了有點沒大沒小外，父子倆感覺並沒有多大衝突與隔閡。

「黃爸爸你好，謝謝你兒子邀請我來參加畢業典禮，恭喜呀！」我禮貌性地回應。

這時候小黃還顯擺我的西裝外套給爸爸看：「你看啦！我穿西裝很帥吼！人家教授的西裝都是日本買的！」一副加九屁孩樣。

我一直以爲那會是我最後一次看到小黃。因爲，我認爲經過春暉專案的陪伴以及家庭功能的修復，小黃未來成爲我研究個案的機會微乎其微，而這也是我對於所接觸的每一個個案的最大期待。

所以過了四年後，在茄苳山莊再看到小黃，眞的完全出乎我意料之外。四年的時間過去，小黃褪去了稚嫩，更顯出專屬於青年期的冷漠與尷尬。但是當年那個領著我到處顯擺的神韻依舊還在。

「走開啦！走開啦！丟臉死了！我不認識你啦！」他似乎也沒料到我會出現在茄苳山莊，又遮住臉要我走開。

隨行醫師請我先退到休息室休息，然後坐在小黃身邊輕聲安撫。

我一個人坐在休息室裡，心中有好多困惑。怎麼會是他？雖然在我的工作個案中，再犯並不是什麼新鮮事，但是怎麼會是小黃？如果是其他人我可能還心裡有底，但是小黃是狀況最好的呀，爲什麼在戒癮機構又看到他？我剛剛是不是嚇到他了？好多好多的疑問在我心中。

隔了好一會兒，醫師帶著小黃一起過來。

「戴老師，黃同學說想跟你聊聊。」

我沒想到他還願意跟我聊聊，一時之間倒是我語塞了。

「教授，不好意思啦，眞的很丟臉啦！在這邊給你遇到。」小黃主動搭起了話題，但是卻讓我無比心疼。

「沒事沒事！是我不好意思啦，剛剛嚇到你了吼?!」我也爲了自己到處認親的行爲感到不好意思。

「你不信任我，我就吸給你看！」

畢竟是舊識，話匣子打開，往事就歷歷在目了。不過，天南地北地聊總顯得不著邊際。我一直嘗試避開最想問的問題：「你怎麼會來這裡？又再犯了嗎？還是有其他原因？」

小黃看出我的好奇，倒也不避諱地說起來：「這次是我老爸送我來的。那次春暉專案以後，我好一陣子沒用東西，而且也考上一所高職，是說不是什麼第一志願啦，但我還是有學校可以念。」

感覺起來一切都在軌道上，應該不會有什麼再涉及毒品的機會呀？我心裡這樣想。

「教授，我知道你想問我什麼啦……」果然瞞不過他。

「其實那次春暉，我老爸說他很自責，覺得是他沒有把我照顧好，加上跟老媽離婚，我才會變壞。所以春暉結束以後，他變得很囉嗦，管我管得很緊。有時候，我只是晚上出門晃一下，他就一直問我要去哪裡、跟誰出去；不然就是翻我書包或是抽屜；後來越來越誇張，疑神疑鬼，我明明沒怎樣，他就一直問東問西，眞的很煩。」他憤憤不平的說。

「一開始我也覺得我老爸是關心我才會這麼囉嗦，可是每次都這樣，根本不信任我，我說我不會再用了，他還是懷疑啊！反正我在他眼中就是那個吸毒的小孩啦！他根本不相信我！」小黃越說越大聲。

「所以……」我終於插到空隙接了一句。

「所以？沒有所以啦！就這樣啊！你覺得我還會吸，那我就吸給你看！」小黃的發言令我震撼，完全是報復爸爸的自傷行爲。

「其實也不是這麼單純啦，我也知道用東西不好啦，可是爲什麼大家就是不肯相信我？越想越煩，最後還是去找以前那群啦。大家都一樣啦……」小黃終於講出心裡的壓力與再次成癮的眞正原因。

「所以後來爸爸知道了？」畢竟剛剛小黃說這次到茄萣山莊是爸爸送他過來的，想必父子之間有過一番討論吧。

「嗯，最後還是被他知道了，拉K仔的味道騙不過他啦。還被他扁了一頓，然後我就不回家了。」小黃頭低低的，小小聲地說著。

「我老爸後來就去學校堵我。唉，我就爛啦，沒錢過生活，只好跟他回家。這次回家，我老爸好像變了一個人，他沒有揍我，反而跟我說希望我好好戒毒，他會相信我。然後跟我說茄荖山莊這樣，我就跟他來了。」小黃依然輕描淡寫、避重就輕地說著。

我沒有持續追問，我選擇用他最缺乏的「信任」來回應他。我信任他說的這些，因爲我看到他眼角泛著淚光，鼻音也漸漸濃厚。

我伸出手攬一下他的肩膀，就像參加他畢業典禮那天拍合照一樣。

小黃在我的搭肩下哭了出來，轉向我，低著頭，一直哭，一直跟我說：「對不起！教授，對不起！我以後不會了！」他哭得好傷心。

我摟著他的肩膀沒有多說什麼，只是摟著，支持他。等小黃恢復平靜，我遞給他面紙，叮囑他整理一下，因爲我也要帶參訪團隊離開了。

小黃整理好自己，擦乾淚痕，吸了幾口鼻涕，跟著我走出休息室。暖冬的夕陽剛好斜斜的映照進來，整個茄荖山莊的門廳，金光燦爛的溫暖。

參訪團隊的其他師生已經準備好離開，大家手上大包小包的農產品，看來是個豐收的午後。茄荖山莊的隨行醫師用大聲公發表了簡短的感謝詞後，把大聲公遞給我，示意我說幾句話。

「謝謝茄荖山莊的社區住民，讓我們看到了戒癮生活不同的一面。期待你們活用這邊學習到的一切，堅持遠離毒品，再次開展自己的人生。」我刻意避開小黃，但是眼角餘光還是關心地看向他。

他沒有走向前，遠遠靠坐在窗台邊，然後對我比了一個OK的手勢，我心裡也被撫慰了，對他點了個頭，結束這趟茄荖山莊的意外「認親」參訪行程。

回程我開著車，把音響開得震天價響。

迎著夕陽，眼睛泛滿淚光，金光閃閃地有點看不清楚。我是真切地希望，這是我最後一次在矯正或戒癮機構看到小黃，最後一次！不要再有下次了！

3-4 誰會歡迎我回來？

先提供一個數字給各位參考：九九．九四％。

如果有一件事情發生的機率是九九．九四％，你覺得這是「一定」會發生？還是「不一定」會發生？

你一定會覺得我明知故問！九九．九四％耶！幾乎要百分之百了！當然是一定會發生囉！

那麼這件九九．九四％一定會發生的，到底是什麼事？或是，這九九．九四％又是怎麼算出來的？

根據法務部全球資訊網公布的矯正資訊顯示，在二〇二四年十月底，全台灣的矯正機構總共收容五九一〇一位受刑人，扣除其中被宣判爲死刑的三十七名死刑犯外，其他還有五九〇六四位受刑人，而九九．九四％就是這樣算出來的：

$59{,}064 / 59{,}101 \times 100\% = 99.94\%$

是的，姑且不論死刑執行與否的問題，在二〇二四年十月底收容在監獄中的受刑人，有九九・九四%都會重新回到社會，都會回歸我們生活周遭！

基本上就是「全員集合」的概念。

你可能會追問，不是有無期徒刑嗎？不是有更多嚴懲化的刑事政策？一罪一罰、假釋門檻提高、三振法案、刑後強制收容治療？

你可能會害怕，政府怎麼可以把這些違反治安的犯人放回來？如果他們再犯怎麼辦？如果他們又危害社會安全怎麼辦？

不論你如何擔心害怕，不論你多麼希望政府再提升刑罰，但**事實就是，在現行的矯正制度下，幾乎所有受刑人都會回歸社會，成爲更生人，重新成爲社會的一份子。**

你準備好迎接他們回來了嗎？你歡迎他們回來嗎？

他的更生，你的不安生？

我們先來看看，一個被關在監獄裡的受刑人，在什麼樣的狀況下，可以合法地離開監獄管制，重新展開人生。

第一個方式是**刑滿出獄**。所謂的刑滿出獄，就是受刑人執行完所有的應執行刑。沒有提前申請假釋，或是假釋申請未獲批准，一種受刑人在監獄裡待足待滿的概念。

第二個方式是**假釋出獄**。

根據中華民國刑法第七十七條規定：

受徒刑之執行而有悛悔實據者，無期徒刑逾二十五年，有期徒刑逾二分之一、累犯逾三分之二，由監獄報請法務部，得許假釋出獄①。

無期徒刑裁判確定前逾一年部分之羈押日數算入第一項已執行之期間內。

法律名詞讀起來有點拗口，白話文就是：**如果受刑人在監獄裡表現良好，**

對於自己的犯罪行為有深切悔意，同時受刑人也表現出未來社會賦歸適應的強烈企圖，再經過受刑人提出申請，由監獄組成專家評鑑小組進行對申請受刑人的評估。一旦假釋通過，就會由監獄報請法務部，得許假釋出獄。

接下來我們就來看看，受刑人要離開監獄要經過哪些流程。

收容在矯正機關中的受刑人，一旦離開監獄，他們的身分就轉變為更生人，所以對應的法律規範也隨之改變，主要是由以下法條進行規範管理：

一、更生保護法第二條至第三條。

二、監獄行刑法第八十四條至第八十七條。

三、監獄行刑法施行細則第五十條及第九十一條至第九十二條。

受刑人從預訂釋放日期一個月前，更生保護相關事項就開始啓動，這樣的工作就是要確保受刑人回到社會成為更生人後，他們的生活與各項扶助能夠順利地轉銜，以利更生人順利社會賦歸。

下圖就是矯正機關受刑人出監前的作業流程圖。

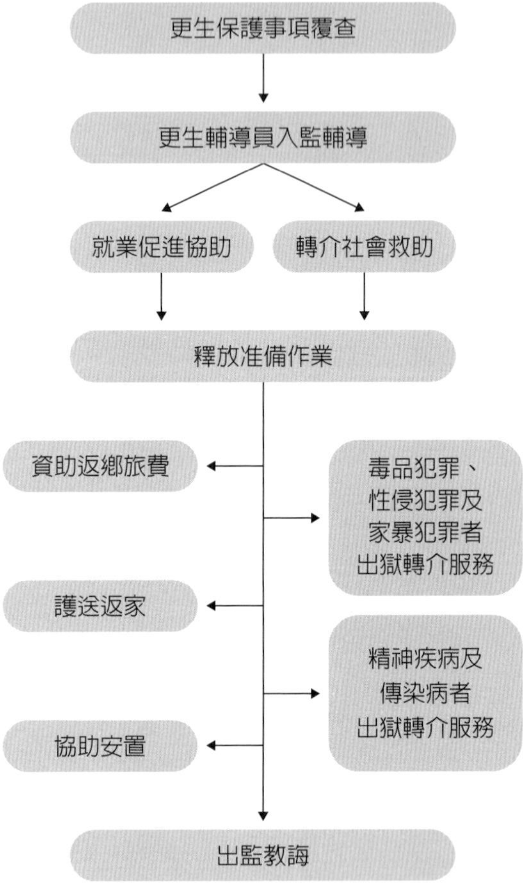
更生保護事項覆查
更生輔導員入監輔導
就業促進協助
轉介社會救助
釋放准備作業
資助返鄉旅費
毒品犯罪、性侵犯罪及家暴犯罪者出獄轉介服務
護送返家
精神疾病及傳染病者出獄轉介服務
協助安置
出監教誨

資料來源：法務部矯正署

你會發現，一位受刑人要離開監獄，返回正常社會生活，並不像想像中那麼一蹴可幾，彈指即得。除了各項出監調查外，還要經過仔細的更生輔導，協助更生人就業，或是將他們轉介給合適的社會救助資源。還有返家經費資助、協助返家或安置、醫療轉介，臨出監前還有諄諄囑咐的出監教誨。

從這些程序上看來，你應該可以放心一點，監獄眞的不是隨隨便便就把一個受刑人放出來，然後就不聞不問，放牛吃草。

雖然有這麼縝密的出監計畫與規範，但你一定還是擔心，這些更生人如果再犯怎麼辦？這些更生人是不是眞心悔改？更生人會不會找當年告他的人尋仇？甚至還有執法人員也會擔心，這些曾經被宣告犯罪的人會不會對於當年的判決心生不滿，挾怨報復？

我可以理解你的擔心，因爲政府的政策與你的期待，存在著一定程度的落差。

你要如何才會相信更生人？

首先，我們來看政府政策的出發點：社會安全網的補強及全面化。

這是一種根基於犯罪社會學的理念設計。簡單來說，犯罪社會學強調的是造成犯罪的環境及社會因素，較爲強調環境問題對個人造成負面影響而導致犯罪發生。

舉個例子來說：爲什麼現在有那麼多年輕人會加入詐騙集團？甚至在政府三令五申的勸導及防堵下，還是願意鋌而走險、冒險到國外想要賭一把、撈一票？其背後有一個很重要的原因是，台灣的產業變革及經濟表現，讓年輕人的求職及生涯發展出現困境。例如：高漲的房價物價、產業高度集中於高科技產業、非科技業的薪水普遍偏低、傳統產業式微、機器人取代人工……這些都是社會結構發生變化對青少年所帶來的選擇性淘汰。這時候，詐騙集團趁虛而入，以不實的宣傳及誇張的承諾，引誘這些無法順應社會結構與產業變化的年輕人，形成今天詐騙橫行的社會亂象。

所以，從犯罪社會學角度出發的社會安全網概念，主要就是希望能夠強化社會承接更生人的彈性與力量，大家一起努力接住這些曾經犯罪的更生人，給予他們人生重新開機的機會，溫暖守候他們、幫助他們。

但是身爲一般市民的你我，我們擔心的是什麼呢？

我們擔心的，其實就是那一個人，犯罪人！

我應該沒說錯吧？

對身爲一般市井小民的你來說，其實犯罪並不是什麼數字或是趨勢，犯罪是一件活生生被看到、被媒體報導、被記錄下來的生活事件。的確沒錯，在台灣，一般人接觸到犯罪議題最常見的管道就是透過各種媒體的報導與紀錄。

透過新聞，你看到酒駕肇事者行車紀錄器錄下的驚悚畫面。

透過網路，你看到棒球隊砸車砸店的囂張與跋扈。

透過自媒，你看到霸凌加害者扯頭髮、甩耳光的嘴臉。

透過紀錄，你看到隱藏在黑暗角落的職場霸凌、藉酒性騷。

在這些紀錄中，你看到的是犯罪行爲人（加害人）齜牙裂嘴的表情與張牙舞爪的動作，還有被害者受盡傷害及無助的求饒。

這就是犯罪對每一個安分守己小市民的影響，一種感同身受的替代被害經驗，一種擔心自己會成爲被害者的被害不安。所以**對你來說，與其知道如何承接或協助更生人，你一定更想知道：更生人會不會再次犯罪？**

被貼上社會降級標籤即陷入犯罪迴圈永難翻身

這樣的心理狀態就塑成了在犯罪學上常常被提到的「標籤理論」。從字面上來看，標籤理論十分淺顯易懂，但是深究其內涵，卻令人細思極恐。我們就以我在茄荖山莊再次看到黃同學這件事說明。

小黃因爲接觸K他命成爲學校春暉專案的輔導學生。春暉專案結束後，他順利從國中畢業也考上高職。這樣的發展與結果，足以作爲所有春暉專案學生的表率。

但是無論小黃如何正向發展，「曾經使用過三級毒品K他命」這件事，依然牢牢地成爲他人生某個階段中的標籤印記，就算已經沒有接觸，就算眞正戒除，但是這個標籤仍一直跟隨著他，從來沒有離開過。

這是標籤的第一個階段，又被稱之爲「社會降級標籤」，白話文就是說：這個人被貼上一個「與一般人不同，他犯罪了、犯錯了」的標籤。

其實，人的一生，或多或少，難免都有犯錯的時候。一般說來，這些犯錯不太會被其他人甚至是刑事司法系統發現。但是如果這些錯誤被其他人發現，並且受到懲罰（不管是正式刑事罰責或是非正式訓誡），社會降級標籤就貼上來了。因爲你犯錯了！

然後，因爲你犯錯了，所以你不再是一般人，你是一個犯過錯的人，你的社會信用被降級，你的社會待遇應該被重新檢視，而**這種降級標籤讓我們在面對更生人的時候，有一種負向歸因傾向：「他以前會這樣犯罪，現在還會不會呢？」**

就像小黃的爸爸，在得知小黃使用三級毒品K他命以後，只要小黃的行動稍微脫離掌握或是不符合爸爸預期，黃爸爸很自然地會想到：「小黃是不是又吸毒了？」所以小黃需要有更多的管制與管理，以避免他重蹈覆轍。

這樣的社會降級標籤對於任何一位偏差行爲人來說，都是莫大的壓力。我就以自己做例子。在我擔任教職的二十年生涯中，曾經發生過一件讓人難以處理的事情。

某位同學作弊被現場抓到。

這原本不是什麼大事，就是違反考場規則，這位同學日後是否再出現作弊的行爲，也沒有任何紀錄。

但是就在他大三下學期拿到書卷獎（前三名）的時候，耳語就出現了！

「你相信他是眞的憑實力拿書卷獎嗎？」

「這種人拿書卷獎，我不相信……」

來自同班同學的耳語，排山倒海指向那位「曾經作弊被現場抓到」同學。「他不配」、「排名應該要排除他」，一股暗中流動的排擠讓人窒息。

就在書卷獎頒獎結束後，這位同學與我在走廊相遇，他竟然這樣問我：

「教授，謝謝你剛剛在頒獎典禮上的鼓勵。但是，你是眞的相信我沒有作弊？還是跟他們一樣只是演出好像相信我？」

身爲老師，我選擇相信這位同學的學業表現。但是其他同學的耳語很明顯對他造成壓力，一種不信任的壓力、一種質疑的壓力。

這就是社會降級標籤的威力。

接下來，隨著時間的醞釀，這樣的社會降級標籤開始在犯罪偏差行爲人心中發生質變。就像小黃一樣，一開始，來自爸爸的關心與叮嚀，造成了小黃心理上的不舒坦與壓力；漸漸的，他也開始覺得：

「對啦！反正在你心中我就是這樣的爛人，我乾脆就爛給你看好了！」

小黃的自我概念被這些降級標籤影響開始發生改變，**「反正你們不相信我，我再怎麼努力也沒用」，因而開始懷疑自己努力的成果，以更負面的態度解讀外界的關心，走上所謂的「自暴自棄」道路。**

於是，等在所有犯罪人面前的，就剩下「再犯」這個選項了。

當社會上的其他人知道行爲人又再犯了，第一個反應一定是：「你看吧！狗改不了吃屎，我就說他不會改吧！」這種自證式預言。這樣的預言又再次強化社會降級標籤：「會再犯的人，更不值得信任了！」

「降級標籤→再犯→再降極標籤→再犯惡化」就成爲更生人難以逃脫的犯罪邪惡漩渦了。

就像前文中香腸、小葳、小黃的故事一樣，他們都是曾經犯錯的人，在與他們深聊的過程中，我很清楚地感覺到一件事：

「戴老師，你能告訴我，社會到底需要我做什麼，才肯再相信我？」

我想用這個問題，作爲結論。

「你要如何才會再相信更生人呢？」

---

①前項關於有期徒刑假釋之規定，於下列情形不適用之：

一、有期徒刑執行未滿六個月者。

二、犯最輕本刑五年以上有期徒刑之罪之累犯，於假釋期間，受徒刑之執行完畢，或一部之執行而赦免後，五年以內故意再犯最輕本刑爲五年以上有期徒刑之罪者。

三、犯第九十一條之一所列之罪，於徒刑執行期間接受輔導或治療後，經鑑定、評估其再犯危險未顯著降低者。

後記——這些不應該發生，卻眞實發生、不會被遺忘的事

謝謝你。

不管你是跳頁瀏覽、挑篇章閱讀、逐字逐句深讀，謝謝你讀完這本書。

喔，不！應該是「謝謝你跟我一起，再一次走過了九個人生故事」——李爺爺、王大哥、陳伯伯、香腸、小葳、謝老闆、小黃、捷哥、〇同學的男友，每一個故事都是他們生命中的一段。

沒錯，**犯罪不是空氣、陽光、水；犯罪不是生活必需品；對犯罪人來說，犯罪只是他們漫長的生命歷程中，曾經發生的幾分鐘，甚至是幾秒鐘的事情。**

李爺爺，順手牽走一本書，只要幾秒鐘；但是這是竊盜罪。

香腸，扣下五次板機，一樣只要幾秒鐘；但是這是殺人罪。

小黃，捲紙管吸一口K菸，幾十秒鐘；但是這是吸食毒品。

捷哥，按下手機連拍，一樣只要十秒鐘；但這妨害性自主。

就像謝老闆說的：「我都有乖乖納稅、也沒有逃兵啊！我都有盡義務……我乖了那麼久，怎麼可以因爲一次犯罪就判我那麼重？」

這種將自己的犯罪行爲合理化、脫罪化的藉口，一定會讓你氣憤難平、握緊拳頭。

你一定會想當面質問犯罪人：你這樣做，會對被害者帶來多大的傷害你知道嗎？那些傷痛是一生無法抹滅的！甚至生命是永遠無法再回來的！你有想過你這些行爲的重大罪惡性嗎？

爲什麼犯罪人在遂行自己犯罪行爲的當下，會變得那麼目中無人？變得那麼自私自利？

人際依附是犯罪的煞車

經過犯罪心理學家的實證研究發現：雖然犯罪有非常多樣化的類型，財產型、身體型、生命型……但是這些犯罪人在犯罪當下，他只關心一件事情：自己能不能夠安全成功的「達成目的」。

就以犯下強制性交的謝老闆爲例：他以請吃飯爲理由，誘騙女性友人；然後刻意製造出冷氣無法運作的假象；六月的麻油雞火鍋；燥熱的用餐環境；甚至還在剛起鍋的時候加了一大罐米酒。這一切的操作都在確保自己能夠安全且順利滿足性侵害的欲望，即使這是嚴重的違法行爲。

犯罪心理學家發現，在犯罪人開始執行犯罪行爲的那一個瞬間，會有非常主觀的、自我中心的、甚至是冷血無情的關注焦點。

仇殺型犯罪加害人：他會關注自己受到的委屈，只專心在復仇，讓自己沉冤得雪。

情殺型犯罪加害人：他會關注對方的感情冷淡與自己付出的不成正比，只專注在那種情感不對等所帶來的挫折感。

財產型犯罪加害人：他會關注自己能取得多少財物，完全不會考慮這是被害者僅有的棺材本。

妨害性自主加害人：他只關注自己的性欲能不能獲得紓解，完全不會想到被害者未來一生所必須承受的苦痛。

藥物濫用行為人：他會關注自己藉由藥物終能獲得多少快樂，完全不會考慮成癮所帶來的傷害。

這種非常短淺、自我中心、看似近乎無理取鬧的視角，讓習慣於做長遠的、計畫性、周延性思考的一般人，難以參透犯罪人的犯行動機，也讓我們習慣性地認為他們是「衝動的」、「欠缺思考的」。

犯罪行為人尚且無法思考到被害者可能承受的傷害與痛苦，那更遠一層的，自己的家屬，就更難進入犯罪行為人的思考範圍了。

知名犯罪學學者赫許曾經提出一個著名的犯罪防治觀點：社會鍵理論，用以說明那些能夠幫犯罪人踩下犯罪行為煞車的安全保護機制。赫許認為人具有天生的違犯與犯罪傾向，因此需要利用社會上的不同機制來減少犯罪傾向，這些機制就是社會鍵。赫許認為，「依附」就是其中最重要的社會鍵保護機制。

所謂的**依附是指人們與自己的父母、友伴或是學校的連結，當一個人對這**

些人際關係的依附度高時，會更在意自己的犯罪行爲，對這些人際關係所帶來的傷害，進而減少犯罪念頭。很可惜的是，犯罪人在犯罪當下，往往過度關注自己的情緒或是衝動，完全把家人或友伴的關心拋在腦後，讓依附這個重要的犯罪煞車喪失機能。

就像小黃，他深愛著自己的父親，但是在面對毒品的當頭，他只想到自己被爸爸過度關心所帶來的壓力，沉溺於爸爸不信任自己的主觀思維中，完全把爸爸的關心與平日的照顧拋到腦後，再次向毒品伸出手，屈服在毒品的魔掌之下。

更可怕的是，某些難以戒斷或是具有高度社會傷害性的犯罪行爲，例如：毒品、酒駕、性侵害、無差別傷人等行爲，犯罪加害人的家屬往往必須承受更多來自社會的異樣眼光，

你一定記得二〇一四年鄭捷案發生後，鄭爸爸鄭媽媽在案發七天後，於江子翠捷運站外向社會道歉的畫面。這十年來，鄭爸爸與鄭媽媽改名換姓，在社會上低調維持生活。不管從任何角度來看，鄭爸爸鄭媽媽都與鄭捷的犯罪行爲

沒有任何法律上的直接關係，但是因爲鄭捷，他們的人生被迫發生翻天覆地的變化，也一併的失去了生活的目標與光彩。

我們必須思考的是，這些犯罪行爲人的家屬，眞的有那麼的罪大惡極嗎？眞的有那麼直接的責任歸屬嗎？他們沒有回歸正常生活的權利嗎？

然後是更遠的一圈，被害者的家屬。

如果將犯罪比擬爲一個星系的運作，犯罪加害人及被害人自然是整起事件的核心，第二層是由與加害人有直間接關係的人們所環繞，第三層則是遠遠的、那些幾乎沒有發聲管道的被害者家屬們。

在我所接觸的個案中，被害者家屬往往是最安靜、最疏遠、最深沉卻也最讓人心疼的一群人。

不該被遺忘的一群人

這讓我想起我在日本留學的時候，曾經拜訪的一位犯罪被害家屬：須藤光男先生。

須藤先生是一位犯罪事件的被害者家屬，他的兒子，須藤正和，在一九九九年，十九歲時，被素行不良、欠錢花用的不良同事綁架，凌虐長達兩個月有餘。在這段期間，這群由不良同事所組成的犯罪集團，不但凌虐被害者，還強迫被害者向友人借錢供其花用。最後這群不良同事在察覺到日本警方可能開始著手調查時，將須藤正和絞殺、埋屍。甚至在絞殺前還要求被害者自己開挖自己的墓穴，殘忍程度令人不寒而慄。這起案件被稱爲「栃木リンチ殺人事件」，在當時是震撼日本社會的極重大兇惡犯罪。

記得當時我正在論文撰寫的頭痛時期，大淵憲一指導教授跟我說：「犯罪是一種生於特定文化土壤上的偏差產物，除了量化的數據分析外，你應該更了解各種指標型犯罪案件，這些案件中都或多或少顯示出偏差的文化土壤。」聽到老師這樣的建議，我到圖書館借了不少關於日本犯罪案件的書籍，其中一本就是由須藤光男先生撰寫的《わが子、正和よ》（我兒，正和）。

須藤先生在這本書中，寫出了非常多對於兒子遭遇犯罪被害的震撼與求助無門的無奈，他的文字，滿溢著犯罪被害人家屬那種完全沒有出口、完全沒有結果、無止盡的思念與傷痛。

我決定親自拜訪須藤爸爸，須藤光男先生。

須藤光男先生的家庭是一個再普通不過的日本小家庭。他是一位理髮師，在日本櫪木縣那須地區，一個偏遠的鄉間，經營著足夠支應一家溫飽的理髮店。他的兒子，也就是須藤正和，是一個乖巧安靜的小孩，高校畢業，就到在同縣境內的日產汽車製造廠工作，一切就是最平常不過的日本家庭風景。

但是犯罪的惡魔伸向這個平靜的家庭，撕毀了一切的靜好與未來。

我在事件發生五年後，二〇〇四年，因著讀到須藤爸爸著作的緣分，決定啓程前往拜訪。

從仙台出發，搭乘東北新幹線，到一個幾乎不會有人下站的新幹線小站：那須塩原。這是一個單純只有觀光功能的新幹線站，櫪木縣原本就是觀光起家的觀光大縣，然而那須塩原最著名的並不是觀光點，而是日本皇室的避暑勝地。日本天皇每年都會攜家帶眷到那須塩原避暑度假，而這也是這個小站每年唯一的重大盛會，除此之外，就是稀落的觀光客與廣袤的高原景色。

我抵達這個安靜的新幹線小站，很快就找到那個一天只有兩個往返班次的公車站，靜靜地坐著等待這唯一能夠抵達須藤爸爸經營的理髮店的公車。

那是一條開往那須高原深處的公車路線，須藤爸爸經營的理髮店幾乎在公車最末站，一路顛簸約一小時才抵達。

我到的時候，須藤爸爸正在幫一個客人整理儀容。微胖的身材，微捲的頭髮，就是一位非常和藹的中年叔叔。我安靜地坐在客人等待的椅上，翻閱著架上的哆啦A夢漫畫，是呀，須藤爸爸的書中就提過，正和從小就喜歡看哆啦A夢的漫畫，想必這些漫畫也依然期待著自己的主人回來翻閱吧。

須藤爸爸沒有被我打擾，很專心地打理完客人，才過來招呼我。

我深深敬了一個禮，自我介紹。

須藤爸爸對於我的到訪有點意外，卻也不顯陌生。他平靜地招呼我坐下，幫我倒了杯熱茶，跟我說起他最近在做的事情。

他叨叨絮絮地說著，有點口音的日文，對我來說有點理解困難。大意是說：他參加了日本全國犯罪被害者之會（全国犯罪被害者の会）所主辦的針對犯罪被害者的一個紀念活動。

他邊說邊拿出一個人形立板。我正在狐疑時，他非常慎重地把板子轉向我。那個人形立板上，貼著他的兒子須藤正和的照片，下方擺著當年正和常穿的布鞋，人形立板上掛著正和當年常用的斜背包。就像是須藤正和站在我面前一樣。

我頓時鼻酸，須藤爸爸對我說：「沒有嚇到你吧？如果正和還在世間，他就是這樣子呀，你看，他比我高出一個頭，長得很帥吧！我們家族遺傳的深邃五官，正和幾乎完整複製，他就是這麼一個亮眼的年輕人呀！」

須藤爸爸沒有嚇到我，但是對於須藤爸爸懷念自己兒子的方法，我深刻地被衝擊了。

我與須藤爸爸一起安靜看著正和，看著這個本應風華正盛卻逝去青春的影像，一起體會須藤爸爸的傷痛與感懷。

時間很快就過去，夕陽西下，催促著我，回程公車快來了。

最後我問了須藤爸爸一個問題：「你會原諒那些殺害正和的少年加害者嗎？」

他跟我說了一段讓我一直思考的話：

「我原不原諒，對於事件的發生有幫助嗎？我救不回我的孩子，正和離開我們，留下我們這些犯罪被害家屬，我們就是被遺忘的一群。我們甚至連憎恨的聲音都不應該有，也沒辦法有。」

「所以我參加了全國犯罪被害者之會，希望大家還會記得，這個世界上，曾經有過這麼美好的生命，他們曾經在地球上燦爛地生活過。而我很驕傲，我是他的家人，我們彼此互助，不能讓犯罪的記憶被遺忘，我們不能讓犯罪事件被歷史風化，犯罪不應該發生，犯罪被害者家屬不應該被隱藏！」

回程的公車依然顛簸，但是須藤爸爸的那段話一直無法顛出我的腦海，直到今天仍記憶猶新。

這是我的第二本書，我希望用文字記錄下這些年在犯罪防治領域中，體會到的所有生命故事。這些不應該發生的事情，眞實的發生了；更希望藉由我的紀錄，這些不應該發生的事情，不會被遺忘。

生命的故事，與你分享。

Eurasian Publishing Group
圓神出版事業機構
用心與你對話・視野無限寬廣
圓神出版社
Eurasian Press

www.booklife.com.tw　　reader@mail.eurasian.com.tw

天際系列 30

他們就是我們：犯罪心理學家的人性思辨

作　　者／戴伸峰
發 行 人／簡志忠
出 版 者／圓神出版社有限公司
地　　址／臺北市南京東路四段50號6樓之1
電　　話／（02）2579-6600・2579-8800・2570-3939
傳　　真／（02）2579-0338・2577-3220・2570-3636
副 社 長／陳秋月
主　　編／賴真真
責任編輯／尉遲佩文
專案企畫／尉遲佩文
校　　對／吳靜怡・尉遲佩文
美術編輯／林韋伶
行銷企畫／陳禹伶・林雅雯
印務統籌／劉鳳剛・高榮祥
監　　印／高榮祥
排　　版／杜易蓉
經 銷 商／叩應股份有限公司
郵撥帳號／18707239
法律顧問／圓神出版事業機構法律顧問　蕭雄淋律師
印　　刷／祥峰印刷廠

2025年4月　初版

定價 310 元　　ISBN 978-986-133-967-2

犯罪對每一個安分守己小市民的影響，是一種感同身受的替代被害經驗，
一種擔心自己會成爲被害者的被害不安。
所以對你來說，與其知道如何承接或協助更生人，
你一定更想知道：更生人會不會再次犯罪。

——《他們就是我們：犯罪心理學家的人性思辨》

國家圖書館出版品預行編目資料

他們就是我們：犯罪心理學家的人性思辨 / 戴伸峰 著.
-- 初版. -- 臺北市：圓神出版社有限公司，2025.04
224 面；14.8×20.8公分 --（天際系列；30）

ISBN 978-986-133-967-2（平裝）

1.CST：犯罪心理學　2.CST：犯罪學

548.52　　114001247